Die Rauchgiftfalle

Franz Wilhelm Bauer

Die Rauchgiftfalle

Die heimliche Angst der Raucher vor dem Nichtrauchen

Bibliografische Information Der Deutschen Bibliothek:
Die Deutsche Bibliothek verzeichnet diese Publikation
in der Deutschen Nationalbibliografie.
Detaillierte bibliografische Daten sind im Internet über
http://dnb.ddb.de abrufbar.

Herstellung und Verlag:
Books on Demand GmbH, Norderstedt
ISBN 3-8334-3945-9
Umschlaggestaltung:
com.plett bauer & partner KEG
www.complett.at

Für meine erwachsenen Kinder
Barbara, Benjamin und Angelika

Ich danke meinen Klientinnen und Klienten, die sich mir anvertrauten und allen, die Informationen zur Verfügung stellten. Besonders danke ich meiner trotz ihres Alters jung gebliebenen Mutter für ihre freundliche Unterstützung; Annelies für ihre liebevolle und aufmerksame Begleitung; Geli für die Gestaltung des Covers; Christian als Fotograf und Fotomodell; Barbara, Brigitte und Wolfgang für ihr wertvolles Feedback.

F.W.B.

Inhaltsverzeichnis

Vorwort

Liebe Raucherin, lieber Raucher!

"Rauchgiftfalle" ist eine Metapher für die Nikotinsucht. Weltweit existieren in den Gehirnen von ungefähr 1500 Millionen Raucherinnen und Rauchern ebensoviele Rauchgiftfallen. Im Organismus jedes Rauchers und jeder Raucherin arbeitet die Falle nach dem gleichen Prinzip und hält ihre Besitzer trickreich gefangen.

Auch in Ihrem Kopf funktioniert die Falle prima. So lange ich rauchte, war sie in meinem Gehirn ebenfalls eingebaut. Ich hatte sie, allerdings ohne es zu wissen, selbst installiert und sie hielt mich 45 Jahre in ihrem Bann, bis ich aus ihr entkam.

Mittlerweile sammelte ich neben meinen eigenen Erfahrungen alle verfügbaren Informationen und gewann als Lebensberater und Selbsterfahrungs-Coach in der Zusammenarbeit mit aufhörwilligen Raucherinnen und Rauchern eine Menge praktischer Erkenntnisse. Abseits der üblichen Programme und Methoden entwickelte sich eine Sichtweise, die einen völlig neuen, allgemein verständlichen Einblick in die Funktion der Nikotinabhängigkeit ermöglicht.

Bislang haben viele Raucherinnen und Raucher damit ihre Bewusstheit so erfolgreich erweitert, dass sie aus ihrer Rauchgiftfalle schnell und problemlos für immer entkommen konnten.

Ich wünsche auch Ihnen, nach gewonnener Erkenntnis bald froh und glücklich die frische, klare Luft der Freiheit zu atmen.

Franz Wilhelm Bauer

Wien, im September 2005

Mein heiteres Raucherleben

Wie ich in die Rauchgiftfalle geriet,
Jahrzehnte darin gefangen war und nichts davon bemerkte.

Ich kann es selbst kaum glauben, aber meine Er-
innerung täuscht mich nicht. Zwar halte ich mich
selbst für einen mit ausreichendem Maß an Intelligenz begabten Menschen, der seine Gefühlswelt
erlebt und beruflich wie privat eine Menge an Erfahrungen gesammelt hat, doch so lange ich immer wieder Rauch inhalierte, war meine Wahrnehmung und Kritikfähigkeit in Bezug auf das
Rauchen voll daneben.

Die Gedanken- und Erlebniswelt der Raucherinnen
und Raucher weist viele Ähnlichkeiten auf. Manche werden sich daher in der Schilderung meines
Raucherlebens teilweise wiedererkennen. Ich bin
dennoch weit davon entfernt, meine rauchenden
Mitmenschen ebenso zu beurteilen, wie mich
selbst. Im Gegenteil: Die Rückschau auf meine
eigene vergangene Rauchgiftsucht bringt auch
eine Menge Verständnis mit sich.

Schon 1956 begann ich zu rauchen. Damals war
ich fünfzehn. Meine erste Zigarette war eine
SMART EXPORT. Auf der Packung stand, rund um
einen stilisierten Globus geschrieben: SEMPER ET
UBIQUE – IMMER UND ÜBERALL. Dieser Spruch wurde von mir gern beherzigt. Nachdem ich den ersten Ekel mannhaft überwunden hatte, rauchte ich

immer und überall. Ich war stolz darauf, ein richtiger Raucher zu sein, mit tiefen Lungenzügen und betont lässiger Körperhaltung. Nichtraucher waren für mich ungesellige, langweilige Bleichgesichter. Alle meine Freunde rauchten. Wir wollten wie Marlon Brando oder James Dean sein. Marlon Brando spielte damals in seinem vierten Film "Der Wilde" einen rebellischen Kerl. James Deans zweiter Film begeisterte uns damals besonders. Er hieß "Denn sie wissen nicht, was sie tun". Wir eiferten unseren rauchenden Idolen nach, waren dabei halb so wild und wussten ebenfalls nicht, was wir taten. Woher hätten wir es auch wissen sollen?

Ungefähr sechzehntausendfünfhundert Tage lang rauchte ich dann immer zum Kaffee, immer zum Alkohol, nie im Auto (na ja, fast nie), niemals am Schreibtisch in meinem Büro (mit wenigen Ausnahmen, die die Regel bestätigten) und ich rauchte täglich durchschnittlich fünf Zigaretten. Manchmal auch fünf bis zehn. Allerhöchstens hie und da fünfzehn bis zwanzig, um ehrlich zu sein. Dann und wann, im Kreis aufgeschlossener, intelligent und witzig kommunizierender Freundinnen und Freunde, wurden es auch ein wenig mehr. Da konnte ich schon einmal an einem Abend eine Packung kettenrauchend verpuffen. Die amüsante und Energie verbrauchende geistige Betätigung verlangte den stimulierenden Rauch und es blieb, nicht viel öfter als vielleicht zwei-, dreimal die Woche, bei dieser Ausnahme.

Ich war nicht so ein süchtiger Raucher wie die meisten anderen. Ich rauchte wirklich bloß dann, wenn ich wollte. Ich wollte, wie gesagt, zu jedem Kaffee, meistens zu jedem Getränk, zum Alkohol jedenfalls immer, und so weiter. Ich konnte dazwischen stundenlang nicht rauchen, völlig ohne Schwierigkeiten. Ich war ein richtiger Genussraucher – eigentlich so etwas wie ein rauchender Nichtraucher. Jedenfalls war ich niemals in Gefahr, physischen oder gar psychischen Schaden zu nehmen durch dieses bisschen Rauch. Das wäre doch gelacht gewesen!

Die teuersten Zigaretten kaufte ich mir, um mich für irgend etwas zu belohnen und um mir etwas besonders Edles zu gönnen. Es machte schon Eindruck, zum Beispiel WALDORF ASTORIA zu rauchen statt eines billigen Krauts. Wir rauchten uns durch alle Sorten durch. Was rauche ich heute? JOHNNY mit oder ohne Filter, LUCKY STRIKE, HB oder PALL MALL? Oder doch eher CHESTERFIELD, MEMPHIS, CAMEL oder MARLBORO? Tolle Auswahl! So ein vielfältiger Reichtum! – He, man bietet uns was! Hast du schon gesehen? Eine neue Zigarettensorte! Toll! Muss ich gleich probieren!

Hie und da überlegte ich, mit dem Rauchen aufzuhören. Bloß so, um Abwechslung in mein Leben zu bringen. Ich dachte: "Heute kaufe ich mir keine Zigaretten. Das Geld ist knapp und ich rauche einfach nicht mehr". Nichts leichter als das! Ein paar Stunden später dachte ich: "So, jetzt rauche ich wieder". Und dann rauchte ich wieder, völlig freiwillig.

Die manchmal in mir aufkeimende Vermutung, ich hätte vielleicht ein wenig zu viel geraucht, überwand ich mit Leichtigkeit. Der pelzige, bittere Geschmack im Mund und ein bisschen Husten machten mir nicht wirklich etwas aus.

Schuld an einem mitunter auftauchenden unguten Gefühl waren eher die Warnungen vor der angeblichen Schädlichkeit des Rauchens, an denen in Wahrheit aber sicher nicht wirklich etwas Ernsthaftes dran ist. Man stirbt doch nicht gleich wegen ein paar Zigaretten, die man an einem Abend zu viel geraucht hat. Schließlich kann man es auch so sehen: Auf Jahrzehnte verteilt sind sogar ein paar Millionen Lungenzüge leicht verkraftbar. Der schlagende Beweis sind die Kettenraucher, die so viel mehr rauchen, dadurch sogar eine interessant aussehende Haut und eine erotische Stimme bekommen und noch dazu schlank bleiben. Was soll's! So lange man raucht, lebt man – und zu Tode gefürchtet ist auch gestorben!

Die aufdringlichen und voll übertriebenen Meldungen von wegen einer angeblichen Gesundheitsgefahr sind doch bloß lästig. "Gesundheitsschädlich"! Wenn ich das schon lese oder höre! Das ist doch alles bloße Angstmacherei fanatischer Gesundheitsapostel. Es betrifft, wenn schon, sicherlich nur diejenigen, die mit einer ohnehin schwachen

Konstitution leben müssen oder irgendwelche psychosomatische Leiden haben, die dann zusätzlich noch Krebs hervorrufen oder Asthma oder so genannte Raucherbeine, die meistens sowieso nichts anderes sind als das Ergebnis einer angeborenen Gefäßschwäche. Mich betrifft das natürlich nicht, und so lange ich das Rauchen genieße, rauche ich eben und meine Lebensqualität lasse ich mir von nichts und niemandem vermiesen. – Na gut, Sie kennen das ja.

Außerdem hatte ich erst kürzlich wieder von einem Onkel eines Freundes gehört, der fast hundert Jahre alt wurde, obwohl er sein Leben lang rauchte. Und mein armer Vater, der niemals rauchte, starb bereits mit fünfundfünfzig. Aber was soll's, niemand lebt ewig! Alle Menschen sterben an irgend etwas und Raucher sterben auch aus irgend einem Grund. Ich ließ mich nicht negativ beeinflussen und hielt mich lieber an ein altes, lustiges Sprichwort: Rauchst, stirbst. Rauchst nicht, stirbst auch. Also rauchst.

In der Ausstellung "Körperwelten" sah ich im Vorbeigehen eine etwas dunkel gefärbte Raucherlunge. Sicher ist, dass meine Lunge ganz bestimmt nicht gar so schlecht ausschaut. Ist doch mein Zigarettenkonsum schlichtweg vernachlässigbar! Sogar mein Hausarzt hatte einmal rein theoretische Bedenken mit einer Handbewegung weggewischt. Fünf bis zehn Zigaretten täglich – keine Gefahr! Das beruhigte und erleichterte mich, vor allem, weil der freundliche Arzt selber rauchte und augenscheinlich auch noch nicht gestorben war.

Als die EU, die mit der Gurkenkrümmungsverordnung nicht mehr genügend ausgelastet war, sämtliche der so exquisit geschmackvoll gestalteten Zigarettenpackungen mit "Warnhinweisen" verunstaltete, war ich ziemlich sauer. Was denken sich diese überbezahlten Schreibtischtäter, wenn sie auf die Zigarettenschachteln ihre suggestive Botschaft von der Tödlichkeit des Tabakgenusses dick, fett und schwarz umrandet draufmalen lassen? Haben denn die noch nichts von der Macht negativer Gedanken gehört? Später einmal wird man sich wundern, wenn teure Studien beweisen werden, dass der Satz: "Rauchen verursacht Krebs" tatsächlich Krebs verursacht!

Glücklicherweise haben kreative Köpfe dann diese praktischen Zigarettenschachtel-Präservative erfunden, die die Verpackung der edlen Produkte zwar nicht verschönern, aber deren Anblick doch wieder halbwegs erträglich machen. Manche Raucherinnen und Raucher schaffen es zwar meisterlich, die negativ ausstrahlenden Aufdrucke unter Anwendung einer gewissen Schlauheit einfach aus ihrem Gesichtsfeld auszublenden, mir persönlich waren aber die blickdichten Verhüllungen lieber. Es gab zwar dann auch noch diese Aufkleber mit lustigen Sprüchen wie "Rauchen kann Ihre Zigarette verkürzen" oder "Diese Zigaretten enthalten Tabak" – echt witzig, nicht? – aber es war mir zu anstrengend, täglich neue Sprüche auf die Packung kleben zu müssen.

Ich rauchte also, wie gesagt, weil ich es wollte und weil es mir schmeckte. Das bisschen Luftknappheit, das sich im Lauf der Zeit bemerkbar machte, war sicher altersbedingt und störte mich nicht wirklich. Man muss ja nicht jeder Straßenbahn nachlaufen, und Stiegen steigen kann man sich in der Großstadt sparen, wo es doch überall Rolltreppen und Lifte gibt. Wenn der Aufzug zu meiner Wohnung wieder einmal festsaß und ich sechsundneunzig Stufen hochklettern musste, verschnaufte ich eben gemütlich in jedem Stockwerk. Stress ist ohnedies sowas von ungesund!

Aber was erzähle ich da! Sie sind ja mitten drin in Ihrer eigenen Raucherkarriere und kennen sicher vieles ohnehin aus eigener Erfahrung. Stimmt's?

Mein Jugendfreund Paul, dem ich vor vier Jahren die letzte Ehre erwies, war im Gegensatz zu mir ein starker Raucher. Ob der Lungenkrebs, an dem er letztlich starb, vom Rauchen kam, muss bezweifelt werden. Ich besuchte ihn zwei Tage vor seinem Lebensende und brachte ihm ein paar Dosen Bier. Feste Nahrung konnte er nicht mehr zu sich nehmen. Man hatte ihm nach langwierigen und erfolglosen medikamentösen Behandlungen die halbe Lunge samt den davor liegenden Rippen entfernt. Das schwächte ihn natürlich sehr. Er war dadurch sogar zu schwach geworden, richtig zu kauen und wurde dann auch sehr schlank. Mit 35 Kilogramm etwas untergewichtig, würde ich sagen. Aber als echter Genussraucher hielt er bis zum letzten Augenblick die glühende Zigarette zwischen den leider schon etwas zittrigen, aber wunderbar männlich-gelbbraun gegerbten Fingern und presste, voll Schmerz zusammengekrümmt, die vorletzten Worte hervor, die ich von ihm hörte. Er sagte, mit seinem Kinn auf die Zigarette deutend, mit bebender, schwacher Stimme: "Das ist das Einzige, was ich noch habe".

Wie wahr! Die Zigarette war bis zum letzten rauchgefüllten Atemzug seine Freundin geblieben, immer treu, immer an seiner Seite. Immer hatte sie ihm das Leben erleichtert und verschönt, nie hatte sie ihn verlassen. Woran sonst hätte der Ärmste sich noch festhalten können, als ihm der Krebs die letzte Hoffnung raubte? Nirgends! Er war übrigens (und das ist jetzt genau so wahr, wie alles andere, was ich hier erzähle) überzeugt davon, dass er den extrem schwankenden Luftdruckunterschieden, die von der Klimaerwärmung ausgehen, zum Opfer gefallen sei.

Nach seiner Beerdigung war ich ein wenig mitgenommen, das muss ich gestehen. Als ich nach Haus kam, streikte wieder einmal der Lift. Sechsundneunzig Stufen – es muss wohl am Stress des Begräbnisses gelegen sein, dass ich an diesem Abend etwas mehr als an sonstigen Liftstreiktagen auf dem Weg hinauf zu meiner Wohnung anhalten und ein wenig verschnaufen musste. Irgend etwas schnürte mir die Luft ab und dann war da so ein eigenartig stechendes Ziehen in meiner linken Brusthälfte, weiter nicht der Rede wert, aber ...

Bloß sicherheitshalber ging ich sofort ein paar Wochen später zu einer Herzuntersuchung. Belastungs-EKG, Ultraschall. Das Ergebnis – wie hätte es anders sein können: Keine Anzeichen irgendeiner Schädigung. Unheilbar gesund! Na also. Beruhigt konnte ich weiter rauchen.

Um meiner Frau einen Gefallen zu tun, besuchte ich gleich ein Jahr danach eine Lungenfachärztin. Ließ mich von der freundlichen Medizinfrau willig abhorchen, stellte mich für eine Durchleuchtung zur Verfügung und machte bei einer amüsanten Lungenfunktionsprüfung mit. Das Ergebnis überraschte mich dann aber doch etwas: COPD. *Chronic obstructive pulmonary disease* – was auch immer das heißen mag. Behauptet wird, dass das eine Krankheit sei, die durch langjähriges Rauchen verursacht wäre. Quasi eindeutig bewiesen wäre das. Angeblich nicht heilbar, aber in den Griff zu bekommen durch die tägliche Einatmung eines Medikaments zur Bronchienerweiterung. Ich weiß nicht, ob man das so ohne Weiteres glauben kann. Zum Abschied flüsterte die junge, attraktive Ärztin mir nach der Mitteilung der eigenartigen Diagnose auch noch übertrieben freundlich zu: "Lieber Herr Bauer, sie sollten zu rauchen aufhören!"

Ich verließ die Ordination mit einem leichten Schwindelgefühl in meinem Kopf. Etwas in Gedanken verloren ging ich zur nächsten Straßenbahnhaltestelle. Mehr als fünfundvierzig Jahre hatte ich genussgeraucht, und nun sollte ich aufhören? Wie sollte das gehen – einfach aufhören und nie, nie mehr rauchen? Unvorstellbar! Das Schwindelgefühl verstärkte sich und einige Sekunden lang fühlte ich mich wie betäubt. Nun gut, dachte ich, vielleicht würde ich ja wirklich einmal zu Rauchen aufhören. Jetzt aber hatte ich noch ein paar Zigaretten bei mir, und die wegzuwerfen, wäre doch zu schade.

Kalte, scharfe Luft reizte meine Bronchien und ich musste kurz husten. Eine Zigarette würde mir jetzt sicher gut tun. Also schlenderte ich die Straße entlang und zündete mir zur Beruhigung des Hustenreizes und meiner etwas mitgenommenen Nerven ein kleines Zigarettchen an. Wie gut das doch immer wieder tut! Gleich spürt sich meine Lunge wieder vertraut an – zwei, drei tiefe Atemzüge aromatischen Rauches und – schwuppdiwupp – ist meine Befindlichkeit wieder auf voller Höhe.

Nichtraucher begreifen nichts vom Nikotingenuss. Raucherinnen und Raucher, die meine Schilderungen hier lesen, wissen, wie das Inhalieren von Rauch angenehm ist, wie es beruhigt, wie es jeden Stress mindert und gleichzeitig das Leben mit Kreativität und Freude würzt. Wohl mag Rauchen irgendwie auch eine Sucht sein. Aber gar kein Laster soll man sich gönnen? Dann wäre das Leben doch wirklich zu langweilig, nicht wahr?

Schluss mit lustig

Wie sich die Nebel lichteten.

Es war genau so, wie ich es soeben beschrieben habe. Ich dachte immer, Rauchen wäre ein Genuss. Meine Sucht war für mich nicht merkbar. Mittels Rauchen süchtig zu sein erschien eher wie ein interessantes Persönlichkeitsmerkmal, als ein ernsthaftes Problem. Wohl – es sagte sich nebenbei so leicht und es klang dann auch so harmlos: "Jaja, ich weiß – ich bin süchtig. Aber ..."

"Ja, aber ..." Damit begannen die abschwächenden Rechtfertigungen, zu deren Erfindung ich meine Kreativität kunstvoll missbrauchte.

An dieser Stelle kann ich Ihnen aber auch etwas Entschuldigendes verraten: Ich hatte keine Ahnung davon, dass die Wirkungsweise des Nikotins von meinem Alltagsbewusstsein nicht erkannt werden konnte. Ich wusste nicht, dass mir die volle Dimension der Sucht verborgen blieb, so lange ich meinem Organismus Nikotin zuführte.

Nach der Diagnose COPD dämmerte mir langsam doch, dass ich mir einen unheilbaren Schaden zugefügt hatte. Ich musste mir eingestehen, dass meine schon bei der geringsten Anstrengung erschwerte Atmung von mir selbst durch das jahrelange Inhalieren von Rauch verursacht worden war. Plötzlich sah ich mich mit Schrecken vorzeitigen Alterserscheinungen ausgesetzt – und dann war Schluss mit lustig.

Sie müssen nämlich wissen, dass ich mich trotz meines Alters immer noch sehr jung fühle. Ich möchte gern 90 oder älter werden, und so gesehen waren mit 60 gerade einmal zwei Drittel meiner erwünschten Lebenszeit verstrichen. Und ich will wegen der Raucherei nun wirklich nicht frühzeitig abtreten! Ich will beim letzten Drittel meines erreichbaren Lebens noch dabei sein, und zwar möglichst gesund, frisch und munter!

Was also tun? Ich hatte schon so oft davon gehört, dass es unendlich schwierig sei, mit dem Rauchen für immer Schluss zu machen. Allen Carr hatte ich früher schon mal gelesen, danach einige Wochen nicht geraucht und dann wieder begonnen. "Einfach aufgehört" hatte ich schon öfter, aber immer wieder hatte ich bald danach wieder geraucht. Medikamente, Nikotinersatz, Hypnose, Akupunktur – das alles kam für mich nicht in Frage, dazu fehlt mir auch heute noch der Glaube. Psychotherapeutische Selbsterfahrung habe ich jede Menge genossen – ich glaube, mich selbst sehr gut zu kennen. Was blieb also anderes übrig, als mich mit dem Thema Nikotinsucht endlich ernsthaft auseinanderzusetzen. Ich begann Informationen zu sammeln. Dabei half mir das Internet mit seinen hervorragenden Möglichkeiten ebenso, wie die umfangreiche Literatur zum Thema. Gleich zu Beginn meiner Nachforschungen stieß ich auf eine Bemerkung, mit der so nebenbei die Angst der Raucher vor dem Nichtrauchen erwähnt wurde.

Anders als es die Schilderung meines "heiteren Raucherlebens" vermuten lässt, bin ich in jahrelanger Selbsterfahrung geschult und weiche unangenehmen Gefühlen und Erfahrungen bewusst nicht aus. Mit fortschreitendem Alter schätze ich die Botschaft negativer Gefühle oder Ereignisse besonders dann, wenn sie mir "unter die Haut gehen". Daraus habe ich in den letzten zwanzig Jahren viel gelernt. Jetzt stellte ich mir ernsthaft vor, ich würde nie mehr (nie mehr!) eine Zigarette rauchen, achtete dabei aufmerksam auf das im Hintergrund auftauchende unangenehme Gefühl und sofort wurde mir bewusst: An der Angst bei der Vorstellung, nie mehr zu rauchen, ist etwas dran.

Mein Interesse wuchs und ich recherchierte weiter. Ich erfuhr schließlich, wie Nikotin im Gehirn wirkt und damit nicht nur das Gefühlsleben, sondern auch den Verstand täuscht. Es wurde mir eindeutig klar, dass ich zwar immer geglaubt hatte, rauchen zu wollen, jedoch in Wahrheit bei jeder einzelnen Zigarette aufgrund eines unbewussten Zwangs handelte. Zum ersten Mal wurde mir deutlich bewusst, wie ich beinahe mein Leben lang der Sklave einer heimtückischen Sucht war, die mich mit betrügerischer Manipulation gefangen hielt.

Mit dem Zusammentragen aller relevanten Informationen über das Thema Nikotinsucht sah ich mein vergangenes Raucherleben plötzlich in völlig neuem Licht. Ich erkannte, auf welche Täuschungen ich 45 Jahre lang hereingefallen war. Mich weiterhin beschönigenden Illusionen hinzugeben kam jetzt nicht mehr in Frage. Es gab nur eine Konsequenz: Bewusst sofort mit dem Rauchen Schluss zu machen. Mein Entschluss war so kraftvoll, dass ich ab diesem Moment keine Zigarette mehr anrührte.

In den ersten Tagen und Wochen meines neuen Nichtraucherdaseins erlebte ich eine interessante Zeit. Ich beobachtete aufmerksam die auftretenden Erscheinungen und gewann weitere wertvolle Einsichten.

Heute weiß ich, dass die Erkenntnisse, die ich zuerst für mich allein gewonnen hatte, auch anderen helfen, sogar von der hartnäckigsten Nikotinabhängigkeit loszukommen. Die Erfolge der Raucherinnen und Raucher, die ich mittlerweile als Lebensberater und Selbsterfahrungs-Coach auf ihrem Weg ins Nichtraucherdasein begleitet habe, bestätigen die heilsame Wirkung der Bewusstheit, mit der ein Entkommen aus der Rauchgiftfalle ohne jegliche Hilfsmittel möglich wird.

Bewusstheit beginnt mit Wissen. Vor 50 Jahren, zu Zeiten des jungen Marlon Brandos und James Deans, wussten wir tatsächlich nicht, was wir taten. Wir konnten es auch nicht wissen. Hinter uns lagen Jahrhunderte voller Irrtümer und Aberglauben und wir hatten keine Ahnung von der Wirkung des Suchtstoffs Nikotin und den Folgen des eingeatmeten Rauchs.

Unternehmen Sie mit mir einen kurzen Ausflug in die Vergangenheit und Sie werden sehen, dass sich daran bis heute nicht viel geändert hat.

Fünfhundert Jahre Irrtum

Wie Nikotin nicht nur der Kaiserin den Verstand raubte.

Bis zur Entdeckung Amerikas war Tabak auf dem so genannten alten Kontinent unbekannt. Es gab keines der Wörter *Tabak, Nikotin, Pfeife, Zigarre* und *Zigarette* und über Sucht oder Drogenabhängigkeit wusste man recht wenig. Schamanische und indianische Rituale, die mit dem Rauchen psychoaktiver Substanzen zu tun hatten, waren unbekannt. Alle Bewohner Europas waren Nichtraucher. Obwohl die Menschen mit dieser Tatsache sehr gut lebten, wussten sie nicht einmal das, weil es das Gegenteil, die Raucher, noch nicht gab.

Kolumbus landete 1492 auf der Suche nach einem Seeweg nach Indien im damals noch namenlosen Amerika. Bereits vier Jahre später berichtete der Mönch Romano Pane aus Haiti über Tabak: *"Wenn die Könige ihre Götter um Rat fragen wegen ihrer Kriege, wegen einer Steigerung des Fruchtertrages oder wegen Not, Gesundheit und Krankheit, schnupfen sie in ihren Tempeln das Kraut in ihre Nasenlöcher. ... Das Pulver ist von solcher Kraft, dass es einem völlig den Verstand raubt."*

Der Mann sah ein Ritual, probierte die ihm fremde Mischung aus Tabak und höchstwahrscheinlich auch anderen Kräutern, wusste nichts Genaues, traf mit seiner Aussage aber den Nagel auf den Kopf.

Auf der Insel Kuba sahen die Europäer erstmals Eingeborene, die getrocknete Blätter anzündeten und den Rauch inhalierten. Um 1500 lernten Spanier in Venezuela das Tabakkauen kennen und der Portugiese Cabral berichtete vom Rauchen in einem Gerät, das Cartier 1536, als er von den Rauchgewohnheiten der Indianer Kanadas erzählte, *pipe* nannte. 1518 entdeckten Spanier in Mexiko Tabakfelder und auch sie erzählten über das Rauchen von Tabak, dessen Name wahrscheinlich aus den Antillen stammt, wo das Rauchrohr *tobacco* genannt wurde.

Seeleute brachten zwar schon bald vereinzelt Tabakblätter mit nach Hause, aber es dauerte 69 Jahre nach der Entdeckung Amerikas, bis ein gewisser Jean Nicot, französischer Gesandter am portugiesischen Hof, Tabakblätter und Tabaksamen nach Frankreich brachte und Königin Katharina von Medici damit beeindruckte. Sie wurde die erste berühmte Tabakschnupferin und was sie schnupfte, wurde bald auch als "Pulver der Königin" bezeichnet.

Von da an begann sich in Europa mit dem Tabakkonsum auch die Nikotinabhängigkeit auszubreiten. Tabakschnupfen und Tabakrauchen war zuerst 300 Jahre lang hauptsächlich ein Privileg der "Oberen Zehntausend". Napoleon war süchtig nach Schnupftabak. Könige, Päpste, Bischöfe waren ohne es zu wissen nikotinsüchtig. Aus dem England des Jahres 1822 ist überliefert: Für Luxus-Schnupftabakdosen als Geschenke für Minister befreundeter Länder wurden 22.500 Pfund aufgewendet. Man glaubte an wundersame Heilwirkungen des Tabaks. Im 18. Jahrhundert war Tabak als Importware in Deutschland sogar nur in Apotheken erhältlich.

Jean Nicot hatte keine Ahnung vom Inhaltsstoff der Tabakpflanze, der erst 1828 von zwei Studenten in Heidelberg entdeckt und benannt wurde. "De Nicotiniana – Über die Tabakpflanze" nannten der Chemiker Reimann und der Mediziner Posselt ihre preisgekrönte, lateinisch geschriebene Studie über den Wirkstoff in den Tabakblättern. Über die abhängig machende Suchtwirkung konnten die beiden aber noch nichts Genaues herausfinden. Es brauchte weitere 150 Jahre, bis sich detailliertes, gesichertes Wissen darüber nach und nach entwickeln konnte.

Den wenigen Jahren des langsam entstehenden neuen Wissens, das noch lang nicht Allgemeinwissen geworden ist, stehen also fast 500 Jahre Geschichte gegenüber, in denen sich Unwissen und Aberglaube im kollektiven Bewusstsein und im ebenso kollektiven Unbewussten breit machte. Dieses Erbe tragen wir in uns. Die Jahrhunderte alte Geschichte der Unwissenheit wirkt heute noch schwerer als alle neuen Erkenntnisse über die Suchtwirkung des Nikotins und die anderen negativen Auswirkungen des Rauchens, die noch dazu von der Tabakindustrie und von den Rauchern selbst ignoriert bis bekämpft werden.

Immer noch wirbt die Zigarettenindustrie mit den alten Symbolen von Freiheit und Männlichkeit und immer noch finden sich auf vielen Zigarettenpackungen die königlichen Symbole von damals: Kronen und Wappen suggerieren das "Wertvolle" des Krauts. Raucherinnen und Raucher glauben bereitwillig noch immer daran. Die Tatsache, dass Nikotin längst schon der Suchtstoff Nummer eins geworden ist, dringt nur langsam ins Bewusstsein der Allgemeinheit. Der biologische Suchtmechanismus des Nikotins trägt außerdem dazu bei, dass es Raucherinnen und Rauchern, die kein Interesse für eine lückenlose Aufklärung ihrer Nikotinsucht aufbringen, gar nicht möglich ist, die wahre Dimension ihrer Abhängigkeit zu erkennen.

Mit Fünfzehn schon hatten wir heranwachsende Jungen etwas mit Napoleon gemeinsam: Wir waren, was den Tabakkonsum betraf, genauso einfältig wie er. Wir glaubten, das Konsumieren von Tabak wäre etwas besonders Tolles. Seit einiger Zeit wissen wir es aber besser.

Wenn wir jetzt endgültig mit dem Einatmen von Rauch aufhören und die Sucht beenden wollen, ist es wichtig, erst einmal die Tatsache anzuerkennen, dass die alten Ansichten allesamt überholt sind. Sie sind aus purer Unwissenheit entstanden. Wer weiter an sie glaubt, ist im wahrsten Sinn des

Wortes von gestern. Seien wir uns bewusst: Als die europäischen Eroberer und ihre Nachkommen die angeblichen Wunderwirkungen und positiven Seiten des Tabakkonsums priesen, haben sie sich schlicht und einfach ein halbes Jahrtausend lang geirrt. Als man begann, den Irrtum langsam zu erkennen, haben ihn jene, die mit Tabak und Tabakerzeugnissen Handel betrieben, geleugnet. Denn sie waren schon längst dabei, die Unwissenheit auszunützen und mit dem Suchtstoff weltweit ihr lukratives Geschäft zu betreiben.

Heute beträgt der Umsatz der Tabakbranche mehr als Tausend Milliarden Euro pro Jahr und bildet damit eine wirtschaftliche Macht, deren Einfluss enorm groß geworden ist. Anzunehmen ist, dass alle, die am Tabak verdienen (und dazu gehören auch die Staatskassen) kein echtes Interesse an ehrlicher, umfassender Aufklärung haben, mit der das heutige Wissen über das Suchtgift Nikotin erfolgreich verbreitet werden könnte. Die Konsequenz wäre nämlich, genauso wie es bei anderen Suchtgiften der Fall ist, ein weltweites Verbot von Tabakerzeugnissen, der Zusammenbruch dieses Wirtschaftsbereichs und die Entstehung einer kriminellen Schattenwirtschaft.

Wir können die Welt, wie in jeder anderen Hinsicht auch, im Hinblick auf die Nikotinsucht nicht so ohne weiteres verbessern und ich bin überhaupt nicht angetreten, das auch nur zu versuchen. Was wir aber können, ist die Verbesserung unseres individuellen Wissens und die Erweiterung der Bewusstheit über unsere persönliche Suchtsituation. Wenn wir wissen, wie wir in die Rauchgiftfalle geraten sind, wenn wir wissen, wie diese Falle beschaffen ist und wenn wir wissen, wie wir daraus entkommen können, haben wir die große Chance, die Qualität unseres Lebens entscheidend positiv zu verändern.

Wie wir in die Falle geraten sind

Der Beginn der Täuschungen.

Wir waren unwissend und wurden verlockt durch Rauch inhalierende Menschen, seien es nun Prominente aller Art oder andere "Vorbilder" aus unserem Umfeld gewesen. Die Werbung für Tabak und Zigaretten war und ist wirksam. Sie verheißt *Männlichkeit, Freiheit, Genuss, Geschmack* und *Erwachsensein*. "Rauchen nur für Erwachsene" ist auch heute noch ein Slogan, der vorgibt, Jugendliche vom Rauchen abzuhalten, sie aber in Wahrheit erst recht dazu animiert. Welche/r Jugendliche möchte nicht schon gern erwachsen sein? *Eleganz* und sogar *Sportlichkeit* wurde und wird von der Werbung mit dem Rauchen verbunden. Rauchen wurde als Problemlöser dargestellt und die an jeder Ecke angebotene Vielfalt an scheinbar verschiedenen Sorten und Marken gab und gibt uns das Gefühl, aus einem großen Reichtum ein zum individuellen Geschmack passendes, wertvolles Genussmittel auswählen zu können, das uns mit seinen behaupteten positiven Eigenschaften zu beglücken verspricht. Davon ließen wir uns verführen.

Nach der zweiten, dritten Zigarette hatte uns der Suchtstoff Nikotin bereits abhängig gemacht, doch wir konnten es nicht wissen und merkten es auch nicht. Nikotin veränderte blitzschnell unsere Geruchs- und Geschmacksempfindungen. Es betäubte sofort den natürlichen Hustenreiz, der uns beim ersten Einatmen des Tabakrauchs überfiel. Wir hatten nach Überwindung der ersten natürlichen Abwehrreaktionen unseres Körpers den Eindruck, Tabakrauch schmecke und rieche gut.

Unser Gehirn unterlag sofort einer perfiden Manipulation. Es "erkannte" das Nikotin fälschlich als einen wichtigen Stoff, den der Organismus "braucht". Fortan produzierten die überlisteten Gehirnareale nach jeder Zigarette Gefühlsimpulse, die uns in voller Unbewusstheit zwingend verleiteten, wieder und wieder zur Zigarette zu greifen, sie anzuzünden, Rauch einzuatmen und damit Nikotin zu uns zu nehmen.

So lange wir rauchen, reproduzieren wir diesen Vorgang, der uns nicht bewusst ist und den wir ganz und gar falsch deuten, so lange wir nicht wissen, was dabei wirklich passiert.

Wir werden die Vorgänge und Zusammenhänge so genau betrachten, wie es bisher noch nirgendwo der Fall war. Sie werden dann erkennen, welchen Irrtümern und Täuschungen Sie unterlegen sind im Glauben an das Gute am Rauchen, das sich bei genauer Betrachtung als etwas vom Miserabelsten herausstellt, dem wir jemals auf den Leim gegangen sind.

Was tun Sie da?

Wie Sie zu rauchen glauben und was da wirklich raucht.

Ich will mit Ihnen, verehrte Leserin, werter Leser, in gutem Kontakt sein. Ich kann, so glaube ich, gut nachvollziehen, was in Ihnen als Raucherin oder Raucher vorgeht und welche Gedanken und Bilder bezüglich des Rauchens in Ihrer bisherigen Vorstellungs- und Erfahrungswelt enthalten sind. Ich nehme an, Sie sind derzeit noch in der Rauchgiftfalle gefangen. Ich selbst bin der Falle entronnen und sehe ihre Beschaffenheit von außen, aus einem anderen Blickwinkel und mit anderer Sichtweise als Sie. Wir leben derzeit sozusagen in zwei verschiedenen Welten.

So wie das Auge sich selbst nicht sehen kann, ohne sich im Spiegel zu betrachten, können Sie allein aus sich heraus die Wesensart ihrer Sucht nicht erkennen. Lassen Sie mich bitte Ihr Spiegel sein, der Ihnen ein möglichst genaues Bild verschafft.

Sie sitzen also in der Falle und rauchen. Das meinen Sie zumindest, weil es sich so darstellt und weil man es halt so nennt. Auf die Frage: "Was tun Sie da mit einer Zigarette (mit einer Pfeife, mit einer Zigarre, einem Zigarillo)?" würden Sie wahrscheinlich so ähnlich antworten wie: "Was soll die Frage was ich damit tu? – Ich rauche!"

"Ich rauche". So sagt man. Keine Frage, sollte man meinen. Aber genau betrachtet und exakt ausgedrückt, stimmt diese Antwort überhaupt nicht. Es ist nicht wahr, dass SIE rauchen! Es schaut zwar so aus, als würden Sie rauchen, wenn Sie den Rauch aus Ihrem Mund oder aus Ihren Nasenlöchern ausatmen. Was in Wahrheit aber raucht, sind getrocknete, winzig klein geschnittene, glühende Blätter eines giftigen Nachtschattengewächses mit dem extrem suchtbildenden Stoff Nikotin, mit einem unglaublich vielfältigen Gemenge anderer giftiger Substanzen und mit ebenfalls nicht gerade gesundheitsfördernden künstlichen Zusätzen. Und im Fall von Zigaretten raucht auch noch Papier.

Wenn Sie jetzt meinen, ich betreibe unnötige Wortklauberei und ergehe mich in sinnloser Spitzfindigkeit, muss ich antworten: Sie irren sich. Ich weiß, dass Sie wahrscheinlich derzeit nicht übermäßig viel Ahnung davon haben, was Sie wirklich tun. Mit dem Einatmen von Rauch schädigen oder zerstören Sie nämlich nicht nur viele Organe Ihres Körpers, sondern Sie vernebeln damit ohne es zu merken auch Ihre Gefühlswelt und Ihren Verstand – so unangenehm oder unglaublich das für Sie in diesem Augenblick auch klingen mag.

Keine Angst – ich halte keine Moralpredigt. Es steht mir nicht zu, Sie persönlich zu beurteilen oder gar zu kritisieren. Ich beleuchte bloß die Realität des so genannten Rauchens. Was ich vermittle, widerspricht bisherigen Überzeugungen und rüttelt an alten Denkgewohnheiten. Ich darf dabei keine Rücksicht nehmen auf etwaige Empfindlichkeiten und kann Sie mit unangenehmen Tatsachen nicht verschonen. Ich weiß nämlich, dass Sie mit dem Einatmen von Rauch viel rücksichtsloser mit sich selbst umgehen, als ich es hier mit Worten je imstande wäre.

Dass Sie das jetzt noch nicht so sehen, ist Ihrer momentan noch vorhandenen Nikotinabhängigkeit zuzuschreiben. Spätestens dann, wenn Sie diese Zeilen später als neuer Nichtraucher oder frische Nichtraucherin nocheinmal lesen, werden Sie mir zustimmen, das ist sicher.

Das tun Sie

Das Glück, negative Empfindungen zu spüren.

Das tun Sie: Sie saugen Rauch in Ihren Mund und atmen ihn tief und fest ein. Sie verteilen den Rauch bis in die feinsten Verästelungen Ihrer Lunge und füllen damit die Lungenbläschen, die die lebenswichtige Funktion erfüllen, Ihren Körper mit Sauerstoff zu versorgen. Sie pumpen in diese winzigen, zarten Alveolen konzentrierten, giftigen Rauch und glauben, das wäre gut. Ja, Sie glauben sogar in den Minuten hunderttausendfach wiederholter, mit Nikotin gefüllter Atemzüge, Rauch einzuatmen wäre besser, als Luft zu atmen.

Ich frage Sie jetzt voll Interesse: Wissen Sie wirklich, was Sie da tun? Ich frage nicht vorwurfsvoll. Ganz im Gegenteil. Meine Fragen sind wissbegierig und ich bitte Sie, mich so zu hören: Ist das nicht interessant, was Sie da tun? Sie atmen giftigen Rauch statt Luft und meinen, das wäre gut für Sie? Was geht da vor?

Ich nehme an, dass Sie das, was jetzt folgt, nicht gern lesen, aber es ist unbedingt nötig, bewusst zu betrachten, was tatsächlich passiert: Sie atmen mit jedem Zug aus einer Zigarette ein paar tausend verschiedene giftige Rauchinhaltsstoffe ein. Die Versuchung wird jetzt vielleicht groß sein, so im Vorübergehen zu sagen: "Jaja, ich weiß es ohnehin". Ich nehme aber an, Sie sind mit mir einer Meinung, dass es nicht schaden kann, wenigstens einige davon zu nennen.

Bitte beobachten Sie aufmerksam, was in Ihnen vorgeht, wenn Sie die Bezeichnung dieser Stoffe in der folgenden Wiedergabe langsam und bewusst lesen. Überfliegen Sie die Wörter nicht bloß oberflächlich. Lesen Sie Buchstabe für Buchstabe und sind Sie sich dabei auch bewusst: Es sind nur 64 Stoffe von drei- bis viertausend.

Sie atmen, darin sind wir uns einig, konzentrierten Rauch. Dieser Rauch enthält unter anderem: Acetaldehyd, Akrolein, 4-Aminobiphenyl, Ammoniak, Anilin, Arsenverbindungen, Benzanthrazen, Benzol, Benzofluranthren, Benzphenanthren, Benzpyren, Blausäure, Blei, Cadmium, Cadmiumchlorid, Cadmiumverbindungen, Chrom, Chrysen, Crotonaldehyd, Cyanide, Dibenzacridin, Dibenzanthrazen, 7H-Dibenzcarbazol, Dibenzpyren, 1,1-Dimethyhydrazin, Dimethylnitrosamin, Dioxine, Ethylcarbamat, Formaldehyd, Fufural, Hydrazin, Hydrochinon, Indenopyren, Kohlenmonoxid, Kresol, Methylbenzopyren, S-Methylcholanthren, Methylchrysen, Methylnitrosamin, alpha-Naphthylamin, beta-Naphthylamide, Nickel und Nickelkomplexe, Nikotin, 2-Nitropropan, N-Nitrosamin, N-Nitrosodimethylamin, N-Nitrosonornikotin, N-Nitrosopyrrolidin, Phenol, Polonium 210 (radioaktiv), Plutonium (radioaktiv), Polyzyklische Kohlenwasserstoffe, Pyridin, Teer, Thorium, 2-Toluidin, Toluol, Vinylchlorid – und so weiter.

Es ist anzunehmen, dass das sorgfältige Lesen dieser Liste unangenehme Empfindungen erzeugt. Darüber können Sie sich freuen. Negative Empfindungen bei der Vorstellung dieser Inhaltsstoffe sind ein Zeichen für eine gesunde Reaktion. Hätten Sie ein Lebensmittel – etwas zum Essen oder ein Getränk – mit einer dermaßen langen Liste von Giftstoffen vor sich, wäre anzunehmen, Sie würden sich mit Recht standhaft weigern, davon auch nur zu kosten.

Genau genommen müssten Sie aber eine Liste schädlicher Rauchinhaltsstoffe gar nicht brauchen, um schlicht und einfach zu wissen: Rauch – welchen auch immer – statt Luft einzuatmen kann doch nicht gut sein, oder? Warum sollte gerade der rauchende Tabak gut sein? Weil er Nikotin enthält? Nein, das wäre die falsche Antwort. Nikotin ist erstens giftig und zweitens macht es abhängig. Also ist es nicht gut. Sie rauchen aber trotzdem. Und warum? Auf die richtige Antwort kommen wir noch zu sprechen.

Vorher betrachten wir aber, was der Rauch, unabhängig vom Nikotin, in Ihrem Körper anstellt.

Was der Rauch tut

Unangenehme Tatsachen – wer kennt sie nicht.

Sie wissen es zwar wahrscheinlich ohnehin, und einen Teil haben wir auch schon erwähnt, aber es trägt zur nötigen Bewusstheit bei, wenn wir uns wenigstens einmal noch vor Augen führen, was der Rauch, den Sie inhalieren, in Ihrem Körper anrichtet.

Dieser Rauch malträtiert zuerst einmal die Verästelungen der Bronchien und sofort danach die an deren Enden liegenden Lungenbläschen. Diese sind für die lebensnotwendige Versorgung des Blutes mit frischem Sauerstoff und für den Abtransport des Abfallprodukts Kohlendioxyd zuständig. Man kann sich leicht vorstellen, dass der eingeatmete Rauch sie daran hindert, ihre lebenswichtige Funktion problemlos auszuführen. Wenn nicht, hilft uns ein passender Vergleich.

Haben Sie schon einmal die Innenfläche eines viel benützten Kamins gesehen? Sie ist überzogen mit einer dicken, schwarzen Schicht klebrigen Teers, auch Pech genannt. Solcher Teer verklebt in Ihrer Lunge jede einzelne der 300 Millionen Alveolen, deren Membranen bloß ein Tausendstel eines Millimeters dünn sind. Die Größe eines solchen Lungenbläschens misst zirka zwei Hundertstel eines Millimeters. Die innere Fläche dieser kleinwinzigen Wunderwerke beträgt, aufgefaltet vorgestellt und zusammen genommen zirka 100 Quadratmeter. Diese Fläche brauchen wir, wenn uns nicht frühzeitig im wahrsten Sinn des Wortes die Luft ausgehen soll. Der vom Rauch abgesonderte Teer verklebt aber nicht bloß diese zarten Gebilde. Er zerstört auf Dauer das gesamte Bronchialsystem. Die gesamte Lunge verfärbt sich aufgrund der Verteerung grauschwarz, verliert ihre Elastizität, kann ihre Funktion nicht mehr erfüllen, stirbt letzten Endes ab und Sie gehen, wenn Sie Pech haben (das Sie ja beharrlich ansammeln), mit ihr zugrunde. Und das soll gut sein?

Wenn Sie vielleicht erst vor kurzem bei einer Untersuchung waren, bei der man Ihnen eine gesunde Lunge attestierte, haben Sie noch Glück gehabt. Wenn Sie aber meinen, Sie könnten deswegen ruhig weiter rauchen, machen Sie mit Sicherheit einen verhängnisvollen Fehler. Denn wenn es einmal so weit ist und man Ihnen mitteilt, Sie wären an COPD (chronisch obstruktiver Bronchitis) oder gar Lungenkrebs erkrankt, ist es verdammt noch mal zu spät! Das wird dann nie mehr wieder gut!

Nach Angaben der Weltgesundheitsorganisation leiden weltweit rund 600 Millionen Menschen an COPD, wobei die Krankheit oft erst sehr spät diagnostiziert wird. COPD ist die sechsthäufigste Todesursache weltweit. Drei Millionen Menschen sterben jährlich daran. Schätzungen zufolge wird COPD im Jahre 2020 die dritthäufigste Todesursache sein. Es ist erwiesen, dass COPD überwiegend langjährige Raucherinnen und Raucher betrifft.

> Das Bronchialkarzinom ist eine der häufigsten bösartigen Erkrankungen des Menschen. Hauptursache ist das inhalative Tabakrauchen. Daneben gibt es einige beruflich bedingte Expositionen mit Stoffen, die den Tumor auslösen können (beispielsweise Asbest oder Chrom), alle anderen Ursachen (wie zum Beispiel die Belastung durch die Umwelt) treten weit in den Hintergrund. Tatsächlich sind zwischen 90 und 95 Prozent der an Lungenkrebs erkrankten Menschen Raucher.
>
> (http://de.wikipedia.org)

So weit, so schlecht. Wie Sie aber sicher auch bereits wissen, ist das noch nicht alles. Für die permanent nötige Ausscheidung der Rauchgiftstoffe aus Ihrem Körper braucht dieser ständig viel Energie. Er verbraucht eine Menge Vitamine und andere wichtige Vitalstoffe, die der Körper zur Aufrechterhaltung seiner gesunden Funktionen benötigt. Die inhalierten Rauchgifte verändern noch dazu viele Zellstrukturen in negativer Weise.

Eingeatmeter Rauch verursacht oder beschleunigt damit nicht nur Krebserkrankungen der Lunge, sondern auch des Kehlkopfs, der Blase, der Nieren u.a., fördert Herzinfarkt und Schlaganfall, verursacht Raucherbein (periphere Durchblutungsstörungen), chronische Bronchitis, Emphysem (Lungenblähung), Asthma, Entzündungen der Atemwege, erhöht das Risiko für Demenz (Alzheimer Krankheit), die Gefahr für einen Sehschaden steigt, Osteoporose (Knochenschwund) wird beschleunigt, Magen- und Darmgeschwüre werden begünstigt und die Krankheitsanfälligkeit ist allgemein erhöht.

Man sollte meinen, mehr braucht man doch nicht zu wissen, oder? Eigentlich könnten Sie jetzt schon so weit sein, keine Zigarette mehr anzurühren. So einfach ist es aber offensichtlich nicht in jedem Fall.

Alle Raucherinnen und Raucher sind zwar heutzutage unschwer imstand zu wissen, was sie ihrem Körper mit dem Einatmen von Rauch antun. Zumindest wird ihnen dieses Wissen nicht vorenthalten. Dennoch inhalieren sie ihr gewohntes Rauchgift weiter und üben sich im Verdrängen unangenehmer, aber wahrer Fakten. Was ist die Konsequenz?

Die Konsequenz
Ignoranz auf dem Friedhof oder Licht ins Dunkel.

Auf keinem Grabstein wird nach dem vorzeitigen Tod eines Rauchers oder einer Raucherin eine grauschwarze Raucherlunge abgebildet sein mit dem lakonischen Ausspruch: Pech gehabt! Man wird vielleicht nebenbei erwähnen, dass der teure oder die geliebte Verstorbene länger hätte leben können, wenn er oder sie nicht geraucht hätte. Manche Begräbnisbesucherinnen oder -besucher werden sich nach Verlassen des Friedhofs eine Zigarette anzünden, Rauch inhalieren und sich weiter nichts dabei denken. Wär's das dann gewesen? Oder bleibt wiederum die Antwort auf eine Frage offen?

Warum Raucherinnen und Raucher so ungern ernsthaft Fragen stellen und klare Antworten gern vermeiden, ist für jemand, der sich mit der Materie nicht nur theoretisch, sondern auch praktisch konfrontiert, völlig klar.

Wenn alle Fragen in Bezug auf das Inhalieren von Rauch ehrlich und gewissenhaft beantwortet werden, verliert Tabak seinen Reiz und auch der geringste Anschein einer positiven Wirkung ist dahin. Spätestens dann ergibt sich unter aufrichtiger Anerkennung der Fakten mit Sicherheit die Konsequenz: Ab sofort rauche ich niemals mehr eine Zigarette!

Halten Sie bitte inne! Blättern Sie zurück und lesen Sie den vorigen Absatz noch einmal aufmerksam ... tun Sie es wirklich ... und spüren Sie, was Sie besonders beim Lesen des letzten Satzes empfinden.

Wenn Sie bei achtsamer Beobachtung Ihres Gefühlserlebens ein eigenartiges Unbehagen bemerken, ergibt sich die Frage: Was passiert da?

Raucherinnen und Raucher, die in bewusster Eigeninitiative ihre Sucht ernsthaft beenden wollen, stehen permanent vor rätselhaften Phänomenen. "Was geht hier vor?" und "Wie ist das möglich?" kann und muss deswegen immer wieder gefragt werden – nur so kommt Licht ins Dunkel der unbewussten Vorgänge.

Wenn Sie, was anzunehmen ist, an sich selbst interessiert sind, werden Sie es wissen wollen und Fragen stellen. Und wenn Sie die Antworten anerkennen und letzten Endes in aller Klarheit und mit voller Bewusstheit wissen, was hier vor sich geht, haben Sie gewonnen.

Man stirbt eben

Die monatliche Tsunami-Katastrophe.

Weil vorhin vom Friedhof die Rede war – Sie wissen ja: Wenn Raucherinnen und Raucher von der bewiesenen und medizinisch unbestrittenen Schädlichkeit des Rauchens hören, denken und sagen sie oft: An irgend etwas muss der Mensch ja schließlich sterben, nicht wahr? Oh ja, das ist wohl wahr! Aber ein vernünftiger Mensch wird sich doch nicht absichtlich Schaden zufügen, um frühzeitig zu sterben – oder doch? Raucherinnen und Raucher sterben aber erwiesener Maßen sehr wohl frühzeitig, und zwar im Durchschnitt um mindestens zehn Jahre! Da gehören Sie jedenfalls dazu! Ist Ihnen das egal? Ich denke nicht. Ist es möglich, dass Sie diese Tatsache nicht wirklich wahrhaben wollen? – Die Antwort ist: Es ist nicht nur möglich, es ist sogar sehr wahrscheinlich! Und wieder können wir fragen: Ist das nicht interessant? Warum ist das so?

Weltweit sterben jedes Jahr mindestens vier Millionen Menschen frühzeitig an den Folgen ihrer Nikotinsucht – also am suchtbedingten und gewohnheitsmäßigen Einatmen von Tabakrauch. Wir können uns diese Tatsache bildlich besser vor Augen führen, wenn wir einen Vergleich herstellen zu einer anderen Zahl von vorzeitig Verstorbenen. Sie können sich sicher an die Tsunami-Katastrophe Ende 2004 mit rund zweihunderttausend Opfern erinnern. Alle diese Menschen sind zweifellos frühzeitig gestorben. Niemand kam dabei auf die Idee der tröstenden Worte: Was soll's, macht ja nichts, an irgend etwas muss der Mensch ja sterben. Und jetzt stellen Sie sich vor: Jede zweite, dritte Woche unerbittlich wieder und wieder eine solche Katastrophe! Jeden Tag zehntausend, zwölftausend frühzeitig verstorbene Menschen weltweit – genau das ist die Konsequenz des Inhalierens von Rauch. Das frühzeitige Sterben der Raucherinnen und Raucher geschieht bloß nicht so spektakulär wie eine Naturkatastrophe. Es geht still und unbemerkt vor sich und ist in jedem Fall eine zutiefst traurige Angelegenheit. Und es hält kaum einen Raucher oder eine Raucherin ab, weiter und weiter zu rauchen.

Ist das nicht merkwürdig? Warum ist das so? Welche geheimnisvolle Macht treibt Raucherinnen und Raucher dazu, jahrelang täglich hunderte Male Rauch einzuatmen und dabei die augenfällige, logische, jedem Kind einleuchtende Konsequenz der Schädigung des eigenen Organismus samt allen unangenehmen, schmerzhaften und sogar tödlichen Folgen zu ignorieren? ("Das ist aber ein sehr langer Satz", bemerkte meine Frau, als sie das Manuskript las. Ich weiß. Lesen Sie ihn ruhig noch einmal.)

Welche geheimnisvolle Macht Sie dazu treibt, trotz aller bekannten negativen Folgen giftigen Rauch einzuatmen, werden wir herausfinden. Ich kann aber jetzt schon etwas verraten: Es hat, so paradox es in diesem Zusammenhang jetzt auch klingen mag, etwas mit der Angst vor dem Sterben zu tun.

Geldverbrennung

Nikotin statt Vitamin und viel Geld für nichts.

Um nicht zu viel am Friedhof und beim Sterben zu verweilen, fällt mir zwischendurch etwas ganz anderes ein. "Man gönnt sich ja sonst nichts!", hörte ich unlängst einen erfolgreichen Mann mit gekonntem Understatement sagen. Er war auf sein goldenes Feuerzeug und seine luxuriösen Zigaretten sichtlich stolz und handhabe beides mit geübter, nonchalanter Bewegung.

Dass Raucherinnen und Raucher eine Menge Geld für Zigaretten oder andere Tabakwaren ausgeben, ist aus deren Sicht verständlich. Wer sich die teuersten Rauchwaren, exquisite Feuerzeuge und edle Aschenbecher leistet, umgibt sich mit einem Hauch von Luxus, der das vermeintlich Wertvolle am Rauchen elegant hervorhebt.

Aber auch der nicht mit Reichtum gesegnete Mensch scheut keine Kosten, wenn er sich mit seinen Rauchgiftröllchen eindeckt. Wenn gerade keine günstige Schmuggelware erhältlich ist, muss er ja wohl sein sauer verdientes Geld in die legalen Suchtgiftverkaufsstellen tragen – was bleibt ihm denn anderes übrig? Die Zigaretten und andere Rauchwaren werden aber zugleich mit jeder Teuerung auch immer wertvoller. Das passt dann wieder.

Ich muss zugeben, mir in den vielen Jahren meines Raucherdaseins nie eine Kosten-Nutzen-Rechnung bezüglich der Ausgaben zur Erhaltung meiner Sucht angetan zu haben. Erst nachdem ich die Unabhängigkeit erlangt hatte, machte ich mir die Mühe, Addition und Multiplikation zu Hilfe zu nehmen, um rückblickend zu betrachten, mit welchen Beträgen ich die Tabakbauern, die Tabakindustrie, den Tabakhandel und den Staat, dessen Bürger ich bin, gesponsert hatte.

Es ist mir heute peinlich, die Zahlen zu nennen. Hatte ich doch tatsächlich in jedem Jahr meiner Abhängigkeit das Einkommen eines ganzen Monats in Zigaretten umgewandelt. Die verbrannte ich dann und atmete den dabei entstehenden Rauch ein. Und was hatte ich davon? Die Wahrheit tut weh: Nichts – absolut nichts! Außer natürlich jede Menge Negatives, über das ich jetzt aber den Mantel des Schweigens breiten möchte.

Vor etwa einem Jahr hatte ich es – rein beruflich – mit einer Frau zu tun, die mir erzählte, knappe tausend Euro netto pro Monat zu verdienen. Davon versorgte sie als tüchtige Alleinerzieherin zwei Kinder. Das war aber noch nicht ihr Problem. Sie verbrannte seit Jahren sechzig Zigaretten pro Tag. Das war eigentlich auch noch nicht das Problem. Aber die günstige Einkaufsquelle war ihr abhanden gekommen. Und jetzt kosteten sechzig Zigaretten pro Tag die für die finanziellen Verhältnisse dieser Frau unglaublich hohe Summe von dreihundert Euro pro Monat! Oder hochgerechnet 3.600 Euro pro Jahr. Das war dann doch zu viel, und wie sich in der Folge herausstellte, war es wunderbar gut, dass sich auf diese Weise doch noch ein Problem ergeben hatte.

Um dieses Problem zu lösen, investierte sie eine monatliche Rauchgiftrate, absolvierte ein paar Coaching-Stunden und entkam damit erfolgreich der Rauchgiftfalle. Heute ist sie glückliche Nichtraucherin und kann es sich endlich leisten, ihren Urlaub nicht mehr in ihrer raucherfüllten Wohnung, sondern am Meer zu genießen.

Eine andere Frau arbeitet seit vielen Jahren als Ernährungsberaterin. Sie empfiehlt manchen ihrer Klienten, die aufgrund erhobener Befunde an Mangelerscheinungen leiden, sich einige Zeit lang zusätzlich zu ihrer verbesserten Ernährung mit einer auf ihre Bedürfnisse abgestimmten Menge an Mikronährstoffen – Vitaminen, Mineralstoffen, Spurenelementen – zu versorgen. Diesbezügliche Qualitätsprodukte kosten pro Tag etwa so viel wie eine Packung Zigaretten.

Ich höre immer wieder von einem Phänomen: Nichtraucherinnen und Nichtraucher leisten sich die für die Aufrechterhaltung oder Besserung ihrer Gesundheit zuträglichen Produkte ohne zu zögern. Raucherinnen und Raucher aber winken oft ab: Zu teuer! Obwohl sie erfahren, dass gerade das Inhalieren von Rauch eine signifikant höhere Schad-

stoffbelastung ihres Körpers und einen stark er-
höhten Verbrauch an Vitalstoffen nach sich zieht,
geben die Rauchgiftsüchtigen ihr Geld lieber weiterhin für Zigaretten aus, die ihrem Körper Schaden zufügen, als für etwas, das ihrem Körper gut
tut.

So ist es – und niemand sollte die Raucherinnen
und Raucher deswegen negativ beurteilen. Die
meisten können nicht anders. Sie sind, so lange
sie rauchen, auf dem Auge der Erkenntnis offensichtlich beinahe vollständig blind.

Wieso ist das so?

Das olfaktorische Mysterium

Vorher stinkt es, nachher riecht es gut.
Die Umkehr des Normalen.

Um der Sache endlich langsam näher zu kommen und zu großen Schock zu vermeiden, lassen Sie mich noch einmal mit etwas relativ Harmlosem weitermachen: Dem für die Nasen von Rauchern offensichtlich aromatischen Duft von frischem Zigarettenrauch, den Nichtraucher so gar nicht leiden können. Nichtraucherinnen und Nichtraucher können diesem Geruch nichts Positives abgewinnen und geben oft auch unumwunden ihre Meinung kund, dieser Rauch stinke.

Liebe Raucherin und ebenso lieber Raucher – es tut mir leid, es Ihnen so offen ins Gesicht zu sagen, aber wenn wir der Wahrheit ins Auge blicken wollen, muss es sein. Ich will Sie keinesfalls beleidigen und kann Ihnen versichern, dass ich es selbst erst merkte, als ich vom Raucher zum Nichtraucher mutiert war. Also – offen und ehrlich gesagt: Sie stinken tatsächlich! Sie stinken leider noch ärger, als frischer Zigarettenrauch. Das Peinliche daran ist, dass Sie es genauso nicht merken, wie ich es nicht merkte, so lange ich täglich viele Male Rauch inhalierte.

Stellen Sie sich vor: Sie betreten einen Raum, in dem grundsätzlich nicht geraucht wird und in dem sich ausschließlich Nichtraucher aufhalten. Obwohl Sie gerade keine rauchende Zigarette mit sich herumtragen, verbreiten Sie einen Geruch, der manchen Nichtrauchern Übelkeit verursacht. So lang sich die Nichtraucher in nobler oder scheuer Zurückhaltung üben, haben Sie keine Ahnung, wie Sie wahrgenommen werden. Teilt es Ihnen jemand vielleicht im freundschaftlichen Gespräch mutig mit, kann es sein, dass Sie meinen, es wäre ja gar nicht so arg – Sie riechen es ja nicht.

Würden die Menschen, die über Ihren Geruch die Nase rümpfen, selber Rauch inhalieren, wäre der Gestank für niemanden ein Problem. Dann merkte nämlich kein Mensch, dass alle stinken und alle wären der Meinung, es sei alles in Ordnung. In Räumen, wo alle ständig Rauch inhalieren, ist es auch wirklich so. Wie kommt das?

Die eigene aktuelle Bewertung unserer Geruchswahrnehmung ist alles andere als objektiv. Wir können das an einem einfachen Beispiel, das wir alle kennen, demonstrieren. Wenn wir sehr hungrig sind und einen Braten riechen (Vegetarier stellen sich vielleicht besser einen leckeren Kuchen vor), dünkt uns dieser Geruch wunderbar. Wir empfinden ihn Appetit anregend, das sprichwörtliche Wasser rinnt uns im Mund zusammen und wir können es schon nicht mehr erwarten, endlich die wunderbar duftende Speise zu genießen. Kaum haben wir ausreichend gegessen, sind satt und unser Körper beginnt mit der Verdauungsarbeit, kann man bald irgendwen sagen hören: "Hat jemand etwas dagegen, wenn wir ein Fenster öffnen, dass dieser Essensgeruch rausgeht?" Plötzlich empfinden wir das, was vorher angenehm, ja anregend war, als störend. Vorher riecht es gut, nachher stinkt es. Es ist aber vorher und nachher der selbe Geruch!

Wenn wir diese Erfahrung als Raucherin oder Raucher betrachten und auf den Zigarettenrauch umlegen, fällt uns auf, dass es dabei genau umgekehrt abläuft. Wir können das an einem Beispiel deutlich machen, das wahrscheinlich die meisten Raucherinnen und Raucher in irgend einer Form kennen. Kettenraucher kennen es vermutlich kaum, aber auch sie können es nachvollziehen, wenn sie einmal ein paar Stunden nichts rauchen, dann (am besten im Winter) ein stark verrauchtes Lokal betreten (noch gibt es solche ja im deutschsprachigen Raum zur Genüge), und dort so lang nichtrauchend durchhalten, bis sie den Gestank nicht mehr ausstehen können.

Mir als vermeintlichem Genussraucher, der bisweilen für relativ lange Zeit – was heißt ein paar Stunden – keinen Rauch aus eigenen Zigaretten inhalierte, ist dieses Szenario bekannt: Ich sitze in einem verrauchten Lokal an einem Tisch mit mehreren Raucherinnen und Rauchern und alle paffen – außer mir. Ich denke, wenn ohnehin so viele ihren Rauch in die Luft blasen, kann ich mir das Anzünden einer eigenen Zigarette ja sparen. Aber das funktioniert so nicht! Ich empfinde den Tabakqualm mit der Zeit immer unerträglicher. Er brennt in meinen Augen und in meiner Nase, bis ich es nicht mehr aushalte und schließlich selbst zur Zigarette greife, sie entzünde und den Rauch inhaliere. Und schon wenige Sekunden später empfinde ich den Rauch im Raum gar nicht mehr so schlecht. Natürlich nehme ich den Rauch nach wie vor wahr – aber er stört mich nicht mehr. Diese Erfahrung vermittelt mir, wie gut das Anzünden einer Zigarette und das Inhalieren von Rauch doch wäre: Obwohl ich jetzt Rauch in konzentrierter Form einatme, hilft mir gerade das, den soeben noch als beißend unangenehm empfundenen Rauch im Raum ertragen zu können. Vorher stinkt es, nachher riecht es nicht mehr gar so schlecht. Wie ist das möglich?

Das im Tabakrauch enthaltene Nikotin richtet in unserem Gehirn eine Menge an. Es manipuliert außer anderen Gehirnarealen, von denen noch die Rede sein wird, auch das olfaktorische System und täuscht die für unsere Geruchswahrnehmung zuständigen Bereiche. Der Rauch, der in unserem Beispiel in die Nasen der Raucher dringt, ist vorher und nachher der selbe – er wird aber, bevor sie selbst Rauch direkt aus der Zigarette inhalieren, anders wahrgenommen als nachher. Der Unterschied zur normalen Wahrnehmung liegt darin, dass sie ihrem Gehirn eine konzentrierte Dosis Nikotin zugeführt haben, die dort die verwandelte Geruchsempfindung bewirkt.

Die Riechnerven der Nasenschleimhaut sind für die subjektive Wahrnehmung weniger verantwortlich. Diese "Wahrnehmung", die zugleich eine unbewusste Beurteilung ("gut" oder "schlecht") darstellt, wird durch das Gehirn gesteuert. Im Fall des Essensgeruchs können wir diesen Vorgang als etwas Sinnvolles sehen: Wir haben Hunger, und – ah! – riecht das gut! Wir sind satt: Der Geruch wird uninteressant, ja sogar lästig. Der Geruchssinn trägt dazu bei, uns mit dem Objekt zusammenzuführen, das wir für die Befriedigung unserer Bedürfnisse benötigen. Etwas Ähnliches spielt sich im Bereich der Sexualität ab, wo es mehr als wir glauben ausschlaggebend ist, ob wir jemand "riechen können" oder nicht. Was wir "vorher" als verlockend empfinden, kann sich "nachher" bis zum Desinteresse wandeln.

Dieser natürliche Vorgang – von relativ positiv zu relativ negativ – läuft beim so genannten Rauchgenuss genau umgekehrt ab. Offenbar ist es der Tabakindustrie noch nicht gelungen, Zigarettentabak ähnlich wie Pfeifentabak so erfolgreich mit Zusätzen zu versehen, dass Raucher und Nichtraucher mit Wohlgeruch getäuscht werden können. Rauch aus fremden Zigaretten wird daher auch von Rauchern, die längere Zeit Rauch nicht direkt inhalierten, meist als störend empfunden. Man sollte meinen, der unangenehme Geruch würde Raucherinnen und Raucher davon abhalten, gerade jenes Ding anzuzünden, das doch den Gestank verursacht und sie würden eher vermeiden, dessen Rauch sogar konzentriert einzuatmen. Aber weit gefehlt! Kaum haben sie diesen Rauch selbst direkt aus der Zigarette eingesogen, riecht er schon erträglich und sie rauchen weiter und weiter und tun das auch dann noch, wenn der Husten sie quält, ihre Augen brennen und auch sie selbst längst schon gottserbärmlich stinken.

Die manipulierte Geruchsempfindung bewirkt aber nicht nur die unterschiedliche Wahrnehmung gegenüber den nichtrauchenden Mitmenschen, sondern nimmt den Raucherinnen und Rauchern die Fähigkeit, den für die gesunde Nase beißenden, stinkenden Rauch als "schlecht" einzustufen.

Der gesunde Geruchssinn signalisiert beim Geruch von Rauch: "Achtung! Gefahr! Gift! Schlecht!" Vom Nikotin Abhängige sind sich überhaupt nicht dessen bewusst, dass diese sinnvolle Funktion ihrer Geruchsempfindung gestört ist. Was am Rauch giftig ist und dem entsprechend stinkt, empfinden sie beinahe angenehmer als frische Luft.

Wenn Sie jetzt vielleicht meinen, Sie würden zwar "rauchen", aber deswegen wären Sie noch lang nicht vom Nikotin abhängig, dann täuschen Sie sich. Sie merken ebenso wenig, wie Sie abhängig sind, wie Sie nicht merken, wie Sie stinken.

Sorry – ich habe Sie gewarnt. Ich will Ihnen ungeschminkt schildern, was hier Sache ist. Akzeptieren Sie die bittere Medizin der Erkenntnis, werden Sie geheilt. Es ist nämlich nicht damit getan, die geschilderten Umstände als absurd zu bewerten, den Kopf zu schütteln und zur Tagesordnung überzugehen. Wir wollen uns bewusst machen, was denn in aller Welt diese Absurdität verursacht und was der Kern der Sache ist, der wir jetzt schon ein kleines Stück näher gekommen sind.

Täuschungsmonster Nikotin

Das unschuldige Gift. Willkommener, Unheil bringender Gast.

Fliegenpilze sind nicht verantwortlich dafür, dass sie zwar schön, aber giftig sind. Sie stehen im Wald und entzücken Kinder wie Erwachsene. Alle lassen die Finger davon, weil schon jedes Kind weiß: Dieser liebliche Pilz ist giftig! Wenn jemandem einfallen würde, weltweit jährlich Millionen Tonnen giftiger Fliegenpilzerzeugnisse zu verkaufen, weil der Wirkstoff Muscimol Halluzinationen hervorruft, wäre das wohl keine gute Geschäftsidee und bis jetzt hat solchen Unsinn auch noch niemand in die Tat umgesetzt.

Mit der Tabakpflanze, die das hochgiftige Alkaloid Nikotin enthält, klappt das Geschäft aber prima. Sieben Millionen Tonnen Tabakblätter werden jedes Jahr verarbeitet. Eine einzige moderne Spezialmaschine erzeugt 1600 Zigaretten pro Minute. Jährlich werden weltweit über Fünftausend Milliarden Zigaretten produziert und verkauft. Und es werden ständig mehr!

Die Expansion amerikanischer und britischer Tabakfirmen in die Entwicklungsländer ist seit Jahren im Gang. Während in vielen industrialisierten Ländern die Märkte schrumpfen, besteht in Entwicklungsländern ein riesiges Potential von jugendlichen Rauchern. Dieselbe US-Regierung, die im eigenen Land das Rauchen mit allen Mitteln bekämpft, unterstützte die transnationalen Tabakfirmen, wenn es darum ging, Zugang zu den Märkten in Asien und Lateinamerika zu verschaffen. Die Kampagne in China war leider besonders erfolgreich.

> Rund die Hälfte der globalen Zunahme des Tabak-
> verbrauchs seit Mitte der 70er Jahre fand in China statt.
> Heute rauchen zwei Drittel der jungen Chinesen (und
> zirka 60% der Ärzte). Ein Viertel aller Raucher dieser
> Welt lebt in China. Diese 300 Millionen Raucher konsu-
> mieren jährlich ein Drittel der globalen Zigarettenpro-
> duktion, unvorstellbare 1700 Milliarden.
>
> (www.infomed.org/screen/1999/q95.html)

Ja – wissen denn die Chinesen nicht, dass Nikotin ein starkes Gift ist, ähnlich wirksam wie Blausäure und sogar giftiger als Arsen oder Zyankali? Wissen sie nicht, dass Nikotin noch dazu ein sehr schnell süchtig machender Stoff ist?

Mag sein, dass sowohl in China, wie auch in der übrigen Welt, viele keine Ahnung davon haben, was Nikotin wirklich ist und ebenso viele es vielleicht auch gar nicht wissen wollen. Ich hoffe, meine Leserinnen und Leser wissen es bereits oder sind zumindest daran interessiert, sich auszukennen.

Nikotin ist ein die Lunge lähmendes Nervengift. Eine einmalige Dosis von 50 Milligramm kann für einen erwachsenen Menschen tödlich sein, und zwar unabhängig davon, ob das Gift über die Haut, über die Schleimhäute von Nase und Mund oder durch Inhalieren aufgenommen wird. Der Nikotingehalt von zwei Schachteln Zigaretten reicht aus, um sich damit umzubringen. Man stirbt nur deshalb nicht beim Einatmen von Rauch mehrerer Zigaretten, weil sich das Gift in gering dosierter Menge sehr rasch im Körper verteilt und

schnell wieder abgebaut wird. Unwissende Tabak-
schmuggler sind schon, bloß weil sie Tabakblätter
unter ihrer Kleidung um den Körper gebunden
hatten, vor Erreichen ihres Ziels tot zusammen-
gebrochen. Würde ein Kleinkind – was es hoffentlich nicht tut – eine einzige Zigarette essen, könnte es innerhalb kürzester Zeit keine Luft mehr
bekommen und sterben. Unglaublich geringe
Mengen führen auch bei Erwachsenen bereits zur
Atemlähmung und zum Kreislaufkollaps – und so
etwas wird weltweit als Genussmittel gehandelt?

Ja! Man kann es den Raucherinnen und Rauchern
in aller Welt deswegen als Genussmittel unterju-
beln, weil sie kaum etwas vom Gift merken! Sie
inhalieren die tödliche Dosis Nikotin ja nicht auf
einen Zug, sondern verteilen sie in kleinen Portio-
nen gleichmäßig über die Stunden zwischen Aufwachen und Einschlafen, und das Tag für Tag,
Jahr für Jahr. Sie merken nicht nur nichts von der
Giftigkeit, sondern meinen, Nikotin samt all den
anderen Rauchgiften wäre ihrem Körper, ihrem
Geist, ihren Gefühlen, ihrem Leben insgesamt
zuträglich. Sie finden den Giftcocktail bekömmlich
und gehen tatsächlich meilenweit für eine CAMEL
oder welche Zigaretten auch immer, und sei es
mitten in einer sturmdurchtosten Winternacht. Sie
raffen sich dazu auf, auch wenn sie schon im Py-
jama und längst schon hundemüde sind. Der Gedanke, den Tag ohne Zigarette zu beenden und
den nächsten Tag ohne Zigarette beginnen zu
müssen, scheint so unerträglich, als ginge es um

eine lebensnotwendige Substanz, ohne die der Beginn eines neuen Tages nicht zu schaffen wäre. Ist das nicht bemerkenswert? Wie ist das möglich? Was geht dabei in den Raucherinnen und Rauchern vor?

Sie werden es wahrscheinlich nicht gleich bemerkt haben – die Antwort auf diese Fragen haben Sie soeben gelesen: "*... als ginge es um eine lebensnotwendige Substanz ...*". Sie werden noch Gelegenheit bekommen, darüber erstaunt zu sein, welch tiefen Wahrheitsgehalt diese so leicht hingesagt klingende Aussage hat. Es ist doch schwer vorstellbar, dass eingeatmeter Rauch, der jede Menge schädlicher Substanzen enthält, wirklich lebensnotwendig sein könnte.

Selbstverständlich ist nichts von diesem Rauch lebensnotwendig. Im Gegenteil. Seine Gifte sind lebensbedrohend und im schlimmsten Fall lebensvernichtend. Wäre es tatsächlich lebensnotwendig, Rauch zu atmen, könnten Nichtraucher kaum überleben, das ist doch klar. Warum glauben Raucherinnen und Raucher dann aber, Nikotin wäre lebensnotwendig?

Sie meinen, sie glauben das doch gar nicht? Oh doch! Sie glauben es unbedingt! Sie sind oft sogar felsenfest davon überzeugt, ohne die nächste Zigarette nicht weiter existieren zu können. Ihr Glaube an die Lebensnotwendigkeit des Nikotins ist sogar dermaßen tief in ihrem Gehirn verankert, dass sie meistens zur nächsten Zigarette greifen, ohne sich dafür bewusst zu entscheiden. Das so genannte Rauchen funktioniert automatisch. Beobachten Sie sich selbst und andere Raucherinnen und Raucher aufmerksam: Sie zünden fast jede Zigarette wie geistesabwesend an. Griff zur Zigarettenpackung, Zigarette herausnehmen, in den Mund stecken, Feuerzeug nehmen, Zigarette anzünden, Rauch einsaugen, Rauch einatmen, Rauch ausblasen. Völlig automatisch. Lebende Zigarettenrauchautomaten!

Sie können jetzt einwenden, es wird trotzdem doch niemand deswegen rauchen, weil jemand glaubt, Nikotin wäre lebensnotwendig! Doch! Alle glauben es. Sie wissen bloß nicht, dass sie es glauben. Genauer ausgedrückt: Ihr Gehirn "glaubt" es, und die Raucher kriegen nicht einen blassen Schimmer davon mit. Sie glauben, Rauch einatmen zu *wollen* und merken nicht, dass sie durch Impulse ihres eigenen Gehirns *gezwungen* werden, ihrem Körper Nikotin zuzuführen.

"Okay", werden Sie jetzt vielleicht sagen, "wenn das stimmt, wie kommt das Gehirn auf eine so aberwitzige Idee? Wer animiert oder zwingt es gar dazu?" Die Antwort ist: Nikotin bewirkt das, ohne böse Absicht und ohne sich anzustrengen.

Nikotin kann, wie bereits erwähnt, nichts für seine Eigenschaften und hat natürlich keine Verantwortung für seine Wirkung. Es ist ein ausgezeichnet sinnvolles Gift, das die Tabakpflanze vor saugenden oder beißenden Insekten schützt. Bloß im menschlichen Körper hat es nichts verloren. Führen wir es aber unserem Organismus zu, entwickelt es sich im Handumdrehen in ein unheimliches Täuschungsmonster.

Es täuscht unser Gehirn, unser Wahrnehmungsvermögen, unsere Gefühlsempfindungen und unsere Intelligenz. Wie das passiert, beruht auf einem Irrtum, der wiederum andere Irrtümer erzeugt. Täuschung, Irrtum, Illusion – das sind die Eigenschaften des unschuldigen Pflanzengifts, die es aber erst entwickeln kann, weil es von unserem Organismus irrtümlich als etwas akzeptiert wird, was es in Wahrheit nicht ist.

Kaum mit dem Rauch aufgenommen, wird Nikotin von einem Teil des Gehirns begrüßt wie ein Gast, der wertvolle Geschenke bringt. Während in diesem Gehirnareal der Gast willkommen geheißen wird, versuchen andere Bereiche des Gehirns gemeinsam mit vielen anderen Körperfunktionen die vermeintlich wertvollen Geschenke so schnell wie möglich wieder loszuwerden, da dort glücklicherweise erkannt wird, dass die Mitbringsel eine Menge Schaden anrichten.

Alles das agiert und reagiert ohne Bewusstheit, wie automatisch, und es gibt innerhalb unserer physisch-psychischen Organismus-Einheit keine Chance, diese Vorgänge zu erkennen. Nur indem wir uns Wissen verschaffen und uns bewusst machen, wie der biologische Suchtmechanismus abläuft, werden wir fähig, die Illusion zu durchschauen und eine neue Sichtweise zu gewinnen, die uns das Einatmen von Rauch als das erscheinen lässt, was es wirklich ist. Nämlich alles andere als ein Genuss, überhaupt nichts Positives und schon gar kein lebenswichtiger Vorgang.

An dieser Stelle ersuche ich alle jene, die sich mit der Materie wissenschaftlich kompetent auseinandersetzen, um Nachsicht für meine in ihren Augen wahrscheinlich manchmal simplen Beschreibungen. Ich finde es aber für die begreifbare Vermittlung der Zusammenhänge nötig, mich nicht allzu detailliert in den Tiefen der neurobiologischen Vorgänge zu verlieren, sondern ein möglichst unkompliziertes, anschauliches Bild zu vermitteln, mit dem die Wirkungsweise des Nikotins und die Reaktion des Organismus verständlich und praktisch nachvollziehbar dargestellt wird.

Die Rauchgiftfalle

Illegaler Grenzübertritt, Rauchgiftschmuggel
und Gefangenschaft.

Mit dem Anzünden der ersten Zigarette entscheidet sich, ob es zugleich die letzte ist, oder ob die Zigarettenindustrie eine neue Kundin, einen neuen Kunden gewonnen hat. Wir wissen alle, was beim ersten Einatmen von Rauch zu spüren ist. Unser Organismus rebelliert deutlich. Er signalisiert mit teilweise kräftigen Symptomen, dass ihm der eingeatmete Rauch ganz und gar nicht zuträglich ist. Wer das deutlich spürbar Negative am Einatmen von Rauch bei den ersten Zügen nicht ernst genug nimmt und sich "überwindet", ist ab der zweiten, dritten Zigarette bereits in die Falle geraten.

Nikotin gehört zu den am schnellsten süchtig machenden Stoffen. Es wirkt prompt. Der eingeatmete Rauch reizt selbstverständlich zuerst die Lunge, aber gleich danach schafft es das an winzige Teerteilchen des Rauchs gebundene Nikotin, die Lunge mit leichter Lähmung zu narkotisieren und ihre Empfindsamkeit zu reduzieren. Nikotin gelangt über die Lungenbläschen sofort ins Blut und schon sieben Sekunden später ist es ins Gehirn vorgedrungen.

Unser Gehirn ist durch eine spezielle Barriere zwischen Blutkreislauf und Gehirn, der so genannten Blut-Hirn-Schranke, vor dem Eindringen schädlicher Substanzen geschützt. Doch den Angriffen von Suchtgiften ist es dennoch hilflos ausgeliefert. Moleküle suchtbildender Stoffe wie Alkohol, LSD, MDMA (Extasy), Kokain, Heroin und auch Nikotin, werden an den Diffusionsbarrieren zwischen benachbarten Zellen aufgrund ihrer Struktur nicht als Gifte identifiziert, gelangen unerkannt in das Gehirn und entfalten dort ihre Wirkung.

Nikotin wandert wie jedes andere Suchtgift durch den Körper über Membranrezeptoren, die sich an den Zelloberflächen befinden. Dort wird entschieden, ob die Zelle einen verbindenden Austausch zulässt oder sich schützend abgrenzt. Die Rezeptoren besitzen eine bestimmte Form, an der Moleküle nach dem Schlüssel-Schloss-Prinzip andocken können. Nikotinmoleküle passen hier ähnlich wie jene des Acetylcholins. Acetylcholin ist ein Neurotransmitter, den wir zur Aufrechterhaltung wichtiger Lebensfunktionen brauchen. Nikotin, das wir als Gift keinesfalls brauchen, gelangt aufgrund der Ähnlichkeit mit Acetylcholin wie mit einem Nachschlüssel ins Gehirn, wird in bestimmten Bereichen nicht als Gift identifiziert und bewirkt dort Reaktionen, die genau so ablaufen, als wäre Nikotin ein lebenswichtiger Stoff.

Nikotin greift an den präsynaptischen und postsynaptischen Rezeptoren an. Bei Bindung an diese Rezeptoren kommt es zur Ausschüttung von Adrenalin und unterschiedlichen Neurotransmittern wie Dopamin, Serotonin, Noradrenalin und Endorphinen. Diese beeinflussen verschiedene Funktionsstrukturen des Gehirns.

Nikotin stellt auch eine enge räumliche Beziehung zu einer Gehirnstruktur her, die "Belohnungssystem" genannt wird. Dieses System wirkt bei Funktionen wie Essen, Trinken und Sexualität, die sowohl für die Existenz des einzelnen Menschen, wie auch für das Überleben der Art notwendig sind. Fehlt etwas Lebensnotwendiges, entsteht ein Mangelgefühl und es beginnt die Suche nach dem, was wir brauchen. Befriedigen wir das Bedürfnis, werden wir mit angenehmen Gefühlen belohnt. Für unser Überleben sind diese Abläufe wunderbar geeignet, im Fall der Suchtgifte sind sie verhängnisvoll.

Im Gegensatz zu jenen Gehirnarealen, die Nikotin nicht als Gift erkennen, sorgen andere Bereiche glücklicherweise dafür, dass der Körper sofort nach der Zufuhr von Nikotin mit der Ausscheidung des Giftstoffs beginnt. Wir werden mit Hilfe von Leber und Niere innerhalb weniger Stunden vom Nikotin wieder befreit. Weil aber die getäuschten Gehirnareale auf Nikotin wie auf einen existentiell wichtigen Stoff reagieren, bewirkt der Nikotinabbau dort ein Gefühl des Mangels.

Dieses Mangelgefühl ist einem schwachen Hungergefühl ähnlich. Wenn es nicht befriedigt wird, verstärkt es sich. Es beginnt dann ein beunruhigendes Stressgefühl zu wirken. Bleibt die Zufuhr von Nikotin weiterhin aus, entstehen Angstzustände, die sich besonders dann, wenn sich der Körper jahrelang an das Gift gewöhnt hat, zu panikartigen Reaktionen mit körperlichen Auswirkungen wie Zittern oder Schwitzen entwickeln können.

Sie haben also aufgrund unbewusster Angst-Stress-Signale Ihres getäuschten Gehirns das *Gefühl*, dass Sie Nikotin *brauchen*. Halten Sie sich bitte vor Augen, dass dieses Gefühl von einem Irrtum ausgeht, dem Ihr Gehirn unterliegt. Sie erleben ein Gefühl, das absolut nicht der Wahrheit entspricht. Kein Organismus braucht Nikotin – ganz im Gegenteil! Wenn der unbewusst ausgelöste, bewusst nicht als solcher wahrgenommene Gefühlsimpuls Sie jetzt zur Zigarette greifen lässt, klafft das unbewusst gesteuerte Verhalten und das bewusste Erleben samt seinen gedanklichen und sprachlichen Rechtfertigungen weit auseinander. Sie glauben, sich Ihre Zigarette *freiwillig* anzuzünden. In Wahrheit inhalieren Sie den Rauch, weil ein diffuses Gefühl Sie dazu verleitet. Im fortgeschrittenen Suchtstadium, das schnell erreicht wird, wirken diese Gefühlsimpulse mehr und mehr *zwingend*.

Nach erfolgter Nikotinzufuhr vermitteln die im Gehirn ausgelösten Belohnungsgefühle Beruhigung und Entspannung. Deswegen sind Sie davon überzeugt, dass Nikotin "gut" sei.

So sind Sie in der Rauchgiftfalle gefangen. Sie bewegen sich darin wie ein seiner Freiheit beraubter Hamster in seinem Laufrad:

Nikotinabbau ⇒ Mangelgefühl ⇒ Stressanstieg ⇒ "ich brauche eine Zigarette" ⇒ Rauch ansaugen ⇒ inhalieren ⇒ Gefühl der Beruhigung ⇒ Nikotinabbau ⇒ Mangelgefühl ⇒ Griff zur Zigarette ⇒ Rauch ansaugen ⇒ inhalieren ⇒ Zigarette wegrauchen ⇒ Belohnungsgefühl ⇒ Nikotinabbau ⇒ Mangelgefühl ⇒ "ich rauch jetzt eine" ⇒ und so weiter und so fort.

Dieser neurobiologische Suchtmechanismus ist der Kern der Sache und der Angelpunkt, um den sich die Abhängigkeit dreht. Aber das ist noch lang nicht alles.

Großmacht Gefühl

Wie Gefühle unser Handeln bestimmen
und aus manipulierten Gefühlen falsche Gedanken entstehen.

Nikotinabhängige bleiben süchtig, auch wenn sie wissen, dass sie sich mit dem Einatmen von Rauch gar nichts Gutes antun. Wie oft habe ich schon gehört: "Ich weiß, wie schädlich es ist und ich will ja aufhören damit, aber dann kauf ich mir doch wieder eine Packung Zigaretten und rauche dann sogar mehr als vorher!" Wir erleben hier, dass wir allein mit vernünftigem Denken nicht immer so weiterkommen, wie wir es gerne möchten.

Wir glauben, unser Dasein rationell zu gestalten und unsere Entscheidungen vernünftig zu treffen. Das mag für viele Bereiche unseres Lebens wie eine unbestreitbare Tatsache erscheinen, doch auf das suchtmäßige Einatmen von Rauch trifft es sicher nicht zu. Wie sonst auch, beeinflussen im Fall der Nikotinabhängigkeit unbewusste Gefühle viel mehr unser Handeln und Denken, als wir annehmen.

Neueste Meldungen aus der Genforschung berichten über die erstaunliche Ähnlichkeit der Gene von Schimpansen und Menschen. Die wenigsten Unterschiede – zumindest im Aufbau und der Aktivität der Gene – fand man ausgerechnet beim Gehirn.

Beobachten wir einen Schimpansen oder ein beliebig anderes Tier, so sehen wir, dass es für keinen einzigen überlebensnotwendigen Akt das Denken braucht. Nahrungsbeschaffung, Nahrungsaufnahme, Nestbau in jeder Form, Fortpflanzung etc. – kein Tier verschwendet daran einen Gedanken. Es ist ihm ja auch gar nicht möglich, die Funktion des Denkens zu nützen. Alles geschieht sozusagen von selbst und funktioniert prima. Es funktioniert sogar viel besser, als es mit Denken der Fall wäre. Stellen Sie sich beispielsweise eine Spinne vor, die ihr wunderbares Netz spinnt. Wie umständlich wäre es, würde sie überlegen, wie sie das Netz bauen könnte. Dann müsste sie vielleicht einen Plan zeichnen und bei jedem Knotenpunkt wieder denken, wie es wohl weitergeht und ob das richtig sei, was sie da tut.

Glauben Sie, dass eine Kuh auf der Weide Tabak fressen oder irgend ein Tier, dass seines gesunden Instinkts nicht beraubt wurde, Rauch – welchen auch immer – inhalieren würde? Nie und nimmer! Was wir Instinkt nennen, hält jedes Tier davon ab, giftiges Zeug zu fressen oder gar Rauch einzuatmen. Sie könnten ihm noch so viele schöne Bilder von Freiheit oder Erwachsensein vor die Nase halten, "Tolles Kraut" oder "Guter Geschmack" flüstern, es würde Ihr Angebot einfach ignorieren.

Wenn wir glauben, unser Verstand erhebe uns über die Tierwelt und wir wären allein deswegen fähiger, das für uns Beste zu tun, so täuschen wir uns. Wir glauben viel öfter, als es den Tatsachen entspricht, verstandesmäßig zu entscheiden und merken nicht, dass bereits vor unserer kognitiven Aktivität etwas in uns entschieden hat, das wir "Gefühl" oder "Intuition" und im Fall der Tiere "Instinkt" nennen und von dem wir abseits jeder Benennung vielleicht gar nicht wissen, was es wirklich ist.

Die moderne Gehirnforschung hat zweifelsfrei erkannt: Erst entsteht das Gefühl "Gut" oder das Gefühl "Schlecht". Dem folgt dann der Verstand. Dieser Vorgang, den viele Männer gern leugnen, ist in uns eingebaut und wir werden davon so ähnlich gesteuert wie die Funktionen unseres Körpers, die ohne unser willentliches Zutun ablaufen. "Etwas" in unserem Gehirn und in unserem Nervensystem "spürt", was gut und was schlecht ist. Darauf können wir uns im Normalfall auch recht gut verlassen – tun es aber häufig nicht. Wir schätzen unsere Gefühlswelt oft gering, beachten sie nicht (oder empfinden sie als unangenehm bis bedrohlich) – und entscheiden falsch. Wenn wir später zur Einsicht kommen, sagen wir: "Ich habe mich getäuscht", und das ist dann wohl auch wahr.

"Nachher", sagen wir, "nachher weiß man es besser". Das hat sein Gutes und sein Schlechtes. Als schlecht bewerten wir die zu späte Erkenntnis deswegen, weil Fehler unangenehme Auswirkungen haben, die peinlich, schmerzhaft oder schädlich sind. Manchmal meinen wir zu Recht, wir hätten uns den einen oder anderen Blödsinn ruhig sparen können. Wie wir wissen, hat das Lernen durch Fehler aber auch sein Gutes: Wir erkennen dadurch, was Sache ist. Wir schaffen Wissen und wir erlangen Bewusstheit.

Im Normalfall erkennen wir, bewusst oder unbewusst, aufgrund von Empfindungen, was für unseren Organismus und im weiteren Sinn für unser Überleben gut oder schlecht ist. Wie dabei Täuschungen ablaufen, ist im Einzelfall sicher interessant zu beobachten, würde jetzt aber zu weit führen.

Für unser Thema stellt der Normalfall das Freisein von Nikotin und anderen Giften dar. Wir wären dann selbstverständlich Nichtraucherinnen und Nichtraucher. Hätten wir nicht unseren Verstand, würden wir es auch bleiben.

Wir können mittels unseres Verstands allerlei Gedanken bilden. Wie wir alle aus Erfahrung wissen, können wir uns auch so manches denken, was keine reale Entsprechung hat und bloß in unserer Fantasie existiert. Wir können daher auch ohne Weiteres etwas Unwahres denken. Und wir können uns sogar das Unwahre als wahr, das Schlechte als gut und das Augenfällige als gar nicht vorhanden denken. In dieser Fähigkeit hat die Kreativität ihre Wurzeln, aber auch jede Art von Verrücktheit.

Wie ist das im Fall der Nikotinabhängigkeit? Wie wir gleich sehen werden, schlägt uns hier die Macht der Gefühle gleich mehrfach ein Schnippchen – und zwar erst einmal, weil wir unsere Gefühlswelt schon vorher durch eine Illusion getäuscht haben. Wir haben geglaubt (und der Glaube versetzt bekanntlich Berge), das Ein- und Ausatmen von Rauch wäre aus irgend einem Grund gut. Dann haben wir es probiert und natürlich sofort gespürt: Es ist nicht gut. Weil aber so viele rundum mit sichtlichem Genuss Rauch inhalieren und die Zigarettenpackungen gar so hübsch sind und weil sie an jeder Ecke gekauft werden können und weil die Werbung so viel Gutes verheißt, haben wir unserem Gefühl, das uns "schlecht" signalisierte, keinen Glauben geschenkt. Wir dachten (!), wir wüssten es besser, überwanden die negativen Erscheinungen, das Nikotin erreichte sieben Sekunden später das Gehirn und ... den Rest kennen wir.

Oder doch nicht ganz. Denn jetzt geht es weiter: Unser Gehirn – durch das Nikotin getäuscht – signalisiert: "Gut"! Und wir formen daraus nachplappernde Gedanken, die ebenfalls konstatieren: "Gut"! ... "Rauch inhalieren regt an" ... "Rauch inhalieren entspannt" ... "Gemeinsam Rauch atmen schafft anregende Geselligkeit" ... "Ich will rauchen" ... "Rauch inhalieren ist Genuss" ... "Es schadet mir nicht" (Wie kann etwas *Lebensnotwendiges* schaden?) ... "Ich brauche jetzt eine Zigarette" ... "Ich rauche, damit ich

nicht zunehme" ... "Es erhöht meine Lebensqualität" ... und so weiter.

Ohne dass wir es merkten, sind aus den durch
das Suchtgift Nikotin hervorgerufenen unangenehmen Gefühlen des Mangels und aus den angenehmen Gefühlen der Belohnung überzeugend
wirkende Gedanken geworden, die uns immer
wieder suggerieren, "Rauchen ist gut". Wir haben
uns damit gegen ein Entkommen aus der Rauchgiftfalle erfolgreich abgesichert. Mit Gedanken, die
aus dem getäuschten Gehirn auf dem Umweg
über manipulierte Gefühle entstanden sind, halten
wir uns selbst gefangen und wiegen uns in der
Illusion, frei zu sein.

Die heimliche Angst

und ihre unheimliche Wirkung.

Üblicherweise wird die Nikotinsucht so beschrieben, als ob allein das Belohnungssystem des Gehirns (u.a. mit der Ausschüttung von Dopamin) für die Sucht verantwortlich wäre. Als würden Raucherinnen und Raucher wie ferngesteuert ständig unbewusst nach Befriedigung gieren und das wäre schon alles. So ist es aber nicht.

Stellen Sie sich bitte vor, es wäre jeden Tag Weihnachten und Geburtstag zugleich und Sie bekämen ununterbrochen Geschenke. Auch wenn der Gedanke, andauernd mit Geschenken überhäuft zu werden, anfangs seinen Reiz hätte, wäre die fortwährende Beschenkung bald unerträglich und Ihr Wunsch danach würde sich ins Gegenteil wenden. Wahrscheinlich würden Sie bald einmal sagen: "Danke, es reicht!". Ohne den Wunsch beschenkt zu werden, oder wenn Sie aus irgendwelchem Grund gar nicht beschenkt werden wollen, machen noch so gut gemeinte Bescherungen einfach keine Freude.

Vor der Befriedigung steht immer ein Bedürfnis, das als Mangel erlebt wird. Im Fall existentieller Bedürfnisse schaut das so aus: Erst kommt der Hunger (Mangelgefühl) oder zumindest der Appetit, dann die Befriedigung durch Essen. Erst entsteht Durst (Mangelgefühl), dann trinken wir (ohne Durst zu verspüren trinken wir zu wenig). Erst wächst die sexuelle Spannung, dann folgt im Glücksfall die befriedigende Erlösung.

Im Fall der Nikotinsucht löst das getäuschte Gehirn ein Mangelgefühl aus. Dieses Gefühl ist in seinem Anfangsstadium gar nicht oder nur sehr schwach merkbar. Meist reicht es jedoch bereits aus, um den Griff zur Zigarette auszulösen. Je länger der Zeitpunkt des neuerlichen Inhalierens von Rauch hinausgezögert wird, umso spürbarer wird das Mangelgefühl. Es kann zu einem immer stärker werdenden Stressgefühl anwachsen und verstärkt sich im Extremfall bis hin zu panikartigen Angstzuständen samt ihren unangenehmen körperlichen Begleiterscheinungen.

Jetzt erhebt sich die Frage: Wovor haben wir denn Angst? Die Antwort ergibt sich aus der Betrachtung der Konsequenz, die wir erleiden, wenn ein existentiell wichtiges Bedürfnis nicht befriedigt wird: Wir wissen, was geschieht, wenn wir hungern und nie mehr etwas zu Essen bekommen. Wir wissen auch, was passiert, wenn wir nie mehr etwas trinken können. Ganz klar, was dann eintritt: Es ist absehbar, dass es nicht mehr lang dauert, bis wir unweigerlich sterben. Davor haben wir üblicherweise Angst. Da sich bestimmte Bereiche des Gehirns in Bezug auf Nikotin ebenso verhalten wie beim Fehlen eines existentiell wichtigen Stoffs oder Vorgangs, spüren wir hier wie dort im Fall des Mangels ein stetig stärker werdendes Gefühl von Stress und Angst und erleben einen kräftigen Anstoß, uns das Mittel zum Überleben zu verschaffen, das uns fehlt. Ob es sich um einen bewusst wahrgenommenen oder unbewusst gespürten, um einen echten oder einen eingebildeten Mangel handelt, macht dabei offenbar keinen Unterschied.

Schon der "harmlose", spontane Griff zur Zigarette "dient" zur schnellen Beseitigung der Angst, die bereits zu wirken beginnt, bevor sie überhaupt bewusst wird. Wir unterliegen damit einem Rauchzwang, der gerade deswegen, weil er aus dem Unbewussten heraus wirkt, stärker ist als jede Vernunft und jeder Wille.

Schauen wir uns an, was passiert, wenn wir wirklich nicht mehr rauchen wollen, es aber trotzdem nicht schaffen, definitiv Schluss zu machen. Hören wir uns an, was oft gerade dann geschieht, wenn wir uns vorstellen: "Nie mehr wieder werde ich eine Zigarette rauchen! Nie mehr wieder!" Verzweifelte Menschen, die zu Rauchen aufhören wollten, berichteten in meiner Praxis:

"Trotz meiner Willensanstrengung, trotz allen Wissens um die Schädlichkeit des Rauches, trotz aller festen Vorsätze lief ich wie ferngesteuert zum nächsten Automaten und holte mir Zigaretten".

"Ich habe fast zwei Tage nicht geraucht, aber dann überkam mich ein unwiderstehliches Verlangen. Ich stibitzte meinem Mann eine Zigarette, ging in den Garten und rauchte sie heimlich mit schlechtem Gewissen".

"Ich hatte mir und meiner Freundin geschworen, nie mehr wieder zu rauchen. Aber vor dieser wichtigen Besprechung war ich so nervös, dass ich mir unbedingt eine schnorren musste. Es war mir in diesem Augenblick völlig egal, zu wissen, dass ich damit wieder in die Sucht fallen werde".

"Wenn ich daran denke, wie schädlich das Rauchen ist und wie sehr ich mich damit selber gefährde, ist mir das so unangenehm, dass ich umso mehr rauche. Absurd, nicht? Aber leider ist es so. Ich rauche weiter, obwohl ich es ja wirklich nicht mehr will!".

"Ich hatte einen Tag lang durchgehalten, ohne zu rauchen. Meine Hände begannen zu zittern und kalter Schweiß stand mir auf der Stirn. Ich konnte mich nur retten, indem ich mir eine Zigarette anzündete. Sie schmeckte scheußlich, aber dann habe ich mich beruhigt".

Diese Menschen denken nicht im Traum daran, sich mit dem Wegrauchen einer Zigarette zu belohnen. Sie wollen nicht mehr rauchen und es ist deutlich zu erkennen, sie meinen es ehrlich. Sie pfeifen auf die Belohnung. Das Dopamin kann ihnen gestohlen bleiben. Was sie zur Zigarette greifen lässt, ist ein *unbewusster*, machtvoller Angst-Stress-Impuls. Sie folgen diesem Impuls, inhalieren den Rauch und dann folgt die Belohnung – und zwar sofort. Bald danach wächst wieder das Mangelgefühl, dem sie zuerst widerstehen. Das anfangs schwache Gefühl steigert sich unweigerlich bis zum Angst-Stress, dem sie mit dem Griff zur Zigarette unterliegen.

Das Gehirn merkt sich mit jeder Wiederholung diesen Vorgang aufs Neue:

Mangelgefühl, Angst-Stress, Belohnungsgefühl ...
Mangelgefühl, Angst-Stress, Belohnungsgefühl ...
Mangelgefühl, Angst-Stress, Belohnungsgefühl ...
Mangelgefühl, Angst-Stress, Belohnungsgefühl ...
Mangelgefühl, Angst-Stress, Belohnungsgefühl ...
... und so weiter ... und so weiter.

Solang dieser Ablauf unbewusst bleibt, wird er sich unentwegt wiederholen und unserem vernunftsmäßigen Willen entgegen wirken. Erst wenn klar bewusst wird, welch automatische Zwangshandlung der Rauchvorgang ist, kann er ohne weitere Schwierigkeiten aus freier Entscheidung willentlich und zufriedenstellend beendet werden.

Eine Angst kommt selten allein

Nikotin mildert nur eine. Sonst keine.

Mit den Angst-Stress-Impulsen, die uns zum Inhalieren von Rauch geradezu zwingen, werden wir in einer Weise manipuliert, die einer Erpressung gleicht. Je mehr Ängste in uns wirken, umso anfälliger sind wir dabei, einem trügerischen Glauben zu verfallen. So lang wir die Zusammenhänge nicht bemerken, halten wir uns an der Zigarette fest.

Jeder Mensch birgt von Natur aus mehr oder weniger starke, bewusste oder unbewusste, akute oder latente Ängste in sich. Das ist völlig normal. Ängste sind unangenehm und wir wollen sie am liebsten gar nicht spüren. Sie wirken schwächend, sie stören und behindern uns. Und weil Angst sehr lästig sein kann und oft gerade dann auftaucht, wenn wir sie am wenigsten brauchen, haben wir Strategien entwickelt, sie hinter unsere bewusste Wahrnehmung zu verbannen. Leider ist sie damit aber nicht verschwunden, sondern immer noch existent.

Wir können uns die verdrängte Angst vorstellen wie den sprichwörtlichen Eisberg im Meer, von dem nur die Spitze über dem Wasser sichtbar ist. Der weitaus größere Teil ist darunter vorhanden, aber unsichtbar. Von einem solchen nicht wahrnehmbaren Bereich werden wir im Fall unserer

Ängste wesentlich mehr beeinflusst, als uns lieb ist. Die Angst lauert unter der Oberfläche und bedroht uns wie ein unsichtbarer Feind, dessen wahre Beschaffenheit und Absichten wir nicht kennen. Je mehr wir Angst verdrängen, umso mehr sind wir ihren unbewussten Impulsen ausgeliefert.

Tatsächlich ist dann die verdrängte, unbewusste Angst stärker als unser bewusster Wille. Wir fühlen uns einer unheimlich starken Macht ausgeliefert und sind damit Opfer unserer verdrängten Angst. So lange wir der heimlichen Angst keine besondere Aufmerksamkeit schenken, verführt sie uns auch zu Gedanken und Handlungen, die unserer vernunftsmäßigen Einsicht widersprechen. Wir werden damit auch häufig zu der Schlussfolgerung verleitet, etwas nicht zu können, von dem wir überzeugt sind, es zu wollen.

Die Angstimpulse des Gehirns, die mit dem Nikotinabbau entstehen, sind von allen "anderen" Ängsten ohne aufmerksames Hinspüren nicht zu unterscheiden. Wenn wir nun, bewusst oder unbewusst, unter einer beliebigen Angst leiden (Angst vor dem Alleinsein; Angst, in einer bestimmten Situation zu versagen und sich zu blamieren; Angst in einer finanziellen Notsituation, oder Angst wovor auch immer), verleitet das Einatmen von Rauch und das darauf folgende Gefühl der Entspannung zu dem Schluss, Nikotin würde gegen Ängste jeder Art helfen. Selbstverständlich ist das ein Trugschluss, der als vermeintliche Wahrheit erlebt wird.

Das Inhalieren von Rauch mildert in Wirklichkeit keine einzige Angst außer jener, die allein durch den Abbau von Nikotin akut geworden ist. Im Gegenteil: Unser Glaube an die Wunderwirkung des Nikotins hält uns davon ab, uns mit unseren lebensbehindernden Ängsten auseinanderzusetzen, sie im Licht der Bewusstheit zu betrachten, sie als Gespenster zu entlarven und damit zum Verschwinden zu bringen.

Nichtraucherinnen und Nichtraucher hingegen sind frei von den nervenden Nikotin-Mangelerscheinungen und frei von der Täuschung, Nikotin wäre das Mittel der Wahl zur Beruhigung von Stress und Ängsten aller Art. Sie können daher mit Stress und Angst wesentlich besser umgehen, als vom Nikotin abhängige Menschen.

Nikotin ist kein Wundermittel – im Gegenteil. Es ist trotz der komplizierten Vorgänge, die es auslöst, nichts anderes als ein primitives Manipulationsmittel, das bloß jenen nützt, die damit Geschäfte machen.

Die Stress-Schaukel

Aufputschende Entspannung und anregende Beruhigung.

Nikotin genießt bei den Raucherinnen und Rauchern mehrfach den Ruf eines Zaubermittels. So sind sie auch davon überzeugt, dass die Zigarette als Freund und Helfer mit ihrem Nikotingehalt zwei einander entgegengesetzte Wirkungen erzeugt, die beide positiv sind:

1. Nikotin beruhigt und entspannt.
2. Nikotin putscht auf und regt an.

Wie ist das möglich? Nach alldem, was Sie bisher über die Wirkung des Nikotins wissen, haben Sie allen Grund, am Wahrheitsgehalt dieser Behauptungen zu zweifeln, und wie wir gleich sehen werden, liegen Sie damit richtig.

Schauen wir uns an, was passiert, wenn Nikotin beruhigt und entspannt:

Sie erleben einen aktuellen Stress, eine nervöse Spannung, eine emotionale Belastung oder eine mentale Überforderung. Irgendwann aktivieren Ihre vom Nikotin getäuschten Gehirnareale den unbewussten Angststress, der den Griff zur Zigarette auslöst. Dann legen Sie spontan eine "Rauchpause" ein (die in Wahrheit oft eine Arbeitspause ist) und entspannen sich dabei mehr oder weniger erfolgreich. Jetzt sind Sie davon überzeugt, dass die Zigarette Ihren aktuell erlebten Stress gemildert hat.

Das stimmt aber nicht. Nikotin mildert immer nur den Stress, den es selbst beim natürlichen Abbau hervorruft. Nichtraucherinnen und Nichtraucher brauchen deswegen auch keine "Rauchpause". Sie sind frei von Nikotinstress und haben deswegen ein permanent niedrigeres Stressniveau. Wenn sie sich eine entspannende Pause gönnen, brauchen sie dazu selbstverständlich keine Zigarette. Raucherinnen und Rauchern fällt das aber gar nicht auf. Sie atmen ja in Wahrheit deswegen Rauch ein, weil die Wirkung des Nikotins sie dazu zwingend verleitet. Weil sie das nicht wahrhaben können oder wollen, ziehen sie unbewusst einen völlig falschen Schluss. Sie glauben – wie könnte es auch anders sein – die Zigarette wäre gut gegen Stress jeder Art.

Betrachten wir jetzt Szenario Nummer zwei, wenn Nikotin aufputscht und anregt:

Sie sind in einer unternehmungslustigen Stimmung, trinken vielleicht ein stimulierendes Gläschen Alkohol und erleben einen kreativen Energieschub. Ihre vom Nikotin getäuschten Gehirnareale erzeugen aber auch jetzt nichts anderes als das immer gleiche unbewusste Mangelgefühl, und das hat mit der aktuellen Situation rein gar nichts zu tun. Sie meinen natürlich auch jetzt, freiwillig eine Zigarette anzünden zu wollen – und los geht's!

Sie engagieren sich vielleicht in einem interessanten Gespräch, lesen ein spannendes Buch oder malen ein Bild. Jetzt empfinden Sie es als "anregend", wenn Sie zur Zigarette greifen, um Rauch zu inhalieren. Wenn der Nikotinspiegel sinkt, fühlen Sie sich unbewusst zunehmend unwohler, greifen wieder zur Zigarette, und: Oh! – Wie belohnend und anregend!

Die als anregend empfundene Wirkung entsteht aber auch deswegen, weil gleichzeitig noch etwas anderes geschieht: Das Nikotin bringt samt allen anderen eingeatmeten Schadstoffen Ihren Organismus in Aufregung! Adrenalin, das "Stresshormon" schlechthin, wird von Nikotin genauso stimuliert wie die "Glückshormone" Dopamin, Serotonin, Noradrenalin und die Endorphine. Adrenalin stellt blitzschnell Energie-Reserven bereit, die in gefährlichen Situationen das Überleben sichern sollen. Es signalisiert beim Eintreffen einer neuen Rauchlieferung sofort: "Achtung! Giftcocktail! Schnell – raus damit!". Ihre komplexe, Energie verbrauchende organische Müllabfuhr wird hochgefahren, um die Schadstoffe aus Ihrem Organismus zu entfernen. Dabei ist, ohne dass Sie es merken, Ihr ganzer Organismus aktiv beteiligt.

Erinnern wir uns: Bei der ersten Zigarette haben wir die Aufregungssymptome des Körpers noch deutlich gespürt: Schwindelgefühl, Bauchweh, Übelkeit. Wir haben die warnenden Symptome "überwunden" und jetzt empfinden wir genau das als "anregend", was in Wahrheit für den Organismus immer noch aufregender Stress ist.

Mit der Nikotinzufuhr findet also Beruhigung in einem Bereich und Aufregung in anderen Bereichen tatsächlich gleichzeitig statt. Sie sind aber nicht in der Lage, beides zugleich bewusst zu erleben. Es tritt mit Hilfe der berühmten selektiven Wahrnehmung jene Empfindung in den Vordergrund, die der momentanen Situation entspricht. Sie bemerken dabei ganz nach Belieben das eine und klammern das andere aus.

Genau das erleben alle Raucherinnen und Raucher ständig: Ohne es zu merken, pendeln sie hin und her – von einem unbewussten Stress zum anderen. Kaum beruhigt sich mit dem Inhalieren von Rauch der Angststress, entsteht schon der Abbaustress, der wiederum den Angststress hervorruft, und so weiter. Je nach Bedarf deuten sie den einen oder anderen Vorgang – und sie bewerten beide in voller Überzeugung als positiv.

Damit bestätigen sich Raucherinnen und Raucher regelmäßig, was sie ohnehin schon immer "wissen": Rauch einatmen ist gut! Ihre Wahrnehmungsfähigkeit und ihr Verstand wird von der Wirkung des Nikotins virtuos an der Nase herumgeführt. Sie befinden sich in einer perfekten Illusion und merken nicht, wie verhängnisvoll sie sich täuschen.

Sucht und Gewohnheit

Wie die Sucht Gewohnheit schafft
und Gewohnheit die Sucht verstärkt.

Nikotinabhängigkeit besteht aus Sucht und Gewohnheit. Wir sind aber ursächlich nicht aus Gewohnheit vom Nikotin abhängig. Wir sind deswegen süchtig, weil Nikotin uns mit jedem raucherfüllten Atemzug immer wieder aufs Neue abhängig macht.

Wir wissen es bereits: Die Sucht begann ab der zweiten, dritten Zigarette. Wir waren damals an das Inhalieren von Rauch noch längst nicht gewöhnt, waren aber schon süchtig. Wer von da an beispielsweise zwanzig Jahre lang täglich den Rauch von zwanzig Zigaretten eingeatmet hat, zündete sich im Lauf dieser Zeit hundertsechsundvierzigtausend Mal eine Zigarette an. Angenommene zehn Rauchinhalationen pro Zigarette ergaben dann die beachtenswerte Anzahl von knapp 1,5 Millionen Lungenzügen.

Was geschieht, wenn wir eine Bewegung viele hunderttausend Male wiederholen? Die Antwort ist leicht: Wir gewöhnen uns daran. Das ursprünglich suchtbedingte Handeln wird immer mehr zur Gewohnheit und verstärkt die Suchtwirkung im Zusammenwirken mit unserem Glauben, Rauch einzuatmen wäre gut. Durch unser Gehirn werden nämlich nicht nur die Bewegungsabläufe automatisiert, sondern es wird auch der Mangelstress-

Beruhigungs-Ablauf immer wieder "erinnert" und frisch gespeichert, sodass die Sucht sich durch die Gewohnheit in jeder Hinsicht verstärkt und verfestigt. Die Sucht schafft die Gewohnheit und hält sie aufrecht. Die Gewohnheit wiederum verstärkt die Sucht.

Wir gewöhnen uns sowohl an jene immer gleichen Handlungsabläufe, die wir bewusst wahrnehmen können, wie auch an solche, die wir nicht bemerken, weil sie sich unbewusst im Gehirn abspielen. Sie alle werden mit jeder Wiederholung aufs Neue in unserem Unbewussten gefestigt. Der Sucht-Gewohnheits-Mechanismus spielt sich auf diese Weise ein und funktioniert reibungslos.

Gewohnheitsmäßige Vorgänge, die automatisch ablaufen und uns annehmen lassen, Achtsamkeit wäre dabei unnötig, geben uns das überlegene Gefühl, etwas "zu können" – was im Fall jedes meisterhaft beherrschten Vorgangs wunderbar nützlich ist. Im Fall der Nikotinabhängigkeit ist dies aber alles andere als ein Vorteil. Wir kommen beim Inhalieren von Rauch gar nicht mehr auf die Idee, ernsthaft zu hinterfragen, was wir denn da wirklich tun. Wir empfinden es als selbstverständlich, fast ohne hinzusehen nach der Zigarettenpackung zu greifen, sie zu öffnen, eine Zigarette herauszuholen, sie in den Mund zu stecken, anzuzünden, daran zu saugen und den Rauch einzuatmen, ohne dafür besondere Aufmerksamkeit aufzuwenden.

Wer sich schon einmal ernsthaft mit Meditation beschäftigt und dabei in der Praxis geübt hat, sich auf die Beachtung des ganz natürlichen, unmanipulierten Ein- und Ausatmens zu konzentrieren, wird bemerkt haben, welch interessante Beobachtungen diese einfache Aufmerksamkeitsübung ermöglicht. Im Gegensatz dazu ist die sucht- und gewohnheitsmäßige Einatmung von Rauch eine ziemlich stupide Angelegenheit. Wenn es uns gelingt, ihr volle Aufmerksamkeit im meditativen Sinn zukommen zu lassen, erkennen wir sofort, wie das Rauchatmen ohne Zuhilfenahme irgendwelcher rechtfertigender Einbildungen ("Ich bin Winnetou mit der Friedenspfeife") als das erscheint, was es ist: Eine absurde, lächerlich dumme, absolut sinnlose Handlung, die reibungslos "funktioniert", weil der Suchtmechanismus mit dem Gewohnheitsmechanismus samt allen damit entstandenen Illusionen so gut zusammenspielt.

Genussraucher

Der Suchtwolf im Schafspelz der Leidenschaft.

Jedem Nichtraucher und jeder Nichtraucherin ist es schleierhaft, was am Inhalieren von Rauch ein Genuss sein soll. Ich selbst sah mich als einen Genussraucher und machte mir damit in mehrfacher Hinsicht etwas vor. Heute ekelt es mich, wenn ich bloß daran denke, Rauch einzuatmen. Wie kommen Raucherinnen und Raucher aber dann dazu, ihre Sucht als Genuss zu bewerten – und zwar oft auch dann noch, wenn sie längst schon merken, vom Rauchgift abhängig zu sein, weil sie sich immer wieder eine Zigarette anzünden müssen, ohne es wirklich zu wollen?

Dass uns die Werbung der Tabakindustrie mit der Behauptung, Rauchen wäre ein Genuss, ihre Suchtstofferzeugnisse anzudrehen versucht, ist aus deren Sicht verständlich. Dass jugendliche Rauchgiftkonsumenten sich davon blenden lassen, ist bedauerlich, aber kaum zu vermeiden. So lang überhaupt noch irgend eine Werbeaussage der Rauchgiftlobby an die Öffentlichkeit dringt, wird man damit versuchen, mit subtilen Tricks Kunden zu gewinnen.

Was halten Sie von folgendem Slogan, mit dem vorgegeben wird, Raucherinnen und Raucher vom übermäßigen Zigarettenkonsum abzuhalten:

"Jede Zigarette, die man nicht bewusst genießt, ist eine zu viel". (www.die-depesche.de/seite7.html)

Wirkt doch bei oberflächlichem Hinhören ganz nett, nicht? Wie gesundheitsbewusst man sich doch um die teuren Kunden kümmert! "Liebe Leute, raucht nicht zu viel" – so klingt es. Was steckt dahinter? Man weiß, was man verkauft: Ein Suchtmittel, dessen "Genuss" eine Einbildung ist, die gerade durch diesen "Genuss" hervorgerufen wird. Die Aussage des "bewussten Genießens" bestärkt die Rauchgiftabhängigen in ihrem illusionären Bild. Auf gut deutsch gesagt: Man verkauft sie für blöd – und sie fallen drauf rein.

Ich habe schon geschildert, wie ich mich selbst als "Genussraucher" einstufte. Ich belog mich selbst damit nicht nur in der Einschätzung meines gar nicht so geringen Zigarettenverbrauchs, sondern verschleierte so auch die Tatsache meiner Abhängigkeit. War ich doch, wie die meisten Rauchgiftsüchtigen auch, der Meinung, ich würde bloß dann rauchen, wann ich "wollte". Tatsächlich rauchte ich manchmal bloß drei, vier Zigaretten pro Tag, das war aber eher die Ausnahme. Wie man sein Leben kettenrauchend verbringen muss, konnte ich nicht nachvollziehen. Ich dachte sogar, ich wäre "besser".

Die Wahrheit schaut so aus: Der Organismus derer, die ununterbrochen Rauch inhalieren und so vierzig, sechzig, achtzig und mehr Zigaretten pro

Tag verqualmen, funktioniert erstklassig beim Abbau des Nikotins! Der Organismus des um nichts weniger abhängigen "Genussrauchers" baut Nikotin bloß langsamer ab. Das ist das ganze Geheimnis des Unterschieds. Der Genussraucher ist eine Illusion, weiter nichts.

Warum manche Menschen tatsächlich "hie und da" eine Zigarette "genießen", ohne der Sucht zu verfallen, ist mir schleierhaft. Was ist daran "Genuss", stinkenden Rauch einzuatmen und wieder auszuatmen? Ist es vielleicht ein Genuss, damit den Rauch anderer Qualmer nicht so stark zu riechen? Ist es vielleicht ein Genuss, manchmal ein wenig "schlimm" zu sein? Und warum werden diese wenigen Hie-und-da-Raucher nicht süchtig? Oder sind sie es bloß in minimalstem Ausmaß? Diese Fragen können wir derzeit nicht wirklich schlüssig beantworten. Die Ursache für den unterschiedlich schnellen Nikotinabbau im menschlichen Körper hat man jedoch schon herausgefunden. In einer deutschen Ärzte-Zeitung liest man Folgendes:

> Raucher versuchen über den Tag verteilt, durch Zigarettenkonsum den Nikotingehalt in ihrem Blut in etwa konstant zu halten. Warum manche Menschen dazu allerdings nur wenige Zigaretten brauchen, andere dagegen ganze Schachteln, das war lange unklar. Mittlerweile ist das Leberenzym bekannt, das zu 80 Prozent für den Abbau von Nikotin sorgt: CYP2A6.
> (www.aerztezeitung.de/docs/2003/03/04/041a1204.as p?cat=/medizin/rauchen)

Der Artikel, aus dem dieses Zitat stammt, beginnt mit der Überschrift:

*"Passionierte Raucher
bauen Nikotin im Blut zu schnell ab".*

"Passionierte Raucher"? Lese ich richtig? Will man mit der Verwendung dieses Ausdrucks die Nikotinsucht als Leidenschaft darstellen? "Passion" bedeutet in der christlichen Liturgie zwar "Leidensweg", aber im übrigen Sprachgebrauch ist der "leidenschaftliche Raucher" doch nichts anderes als ein extremer "Genussraucher"!

Und denkt man wirklich, der wünschenswerte, lebenswichtige Vorgang des Abbaus von Nikotin könnte *"zu schnell"* vor sich gehen?

Offenbar nimmt man diesen Gedanken ernst, denn man kommt doch tatsächlich auf die Idee, starken Rauchern einen *Enzymhemmer* zu verabreichen!

Weiter lesen wir dort:

> Die Ergebnisse sind auch für die Nikotinersatztherapie interessant: Mit einem kostengünstigen Gentest könnten künftig vor Therapiebeginn jene Raucher herausgefiltert werden, die erheblich höhere Nikotindosen benötigen als Durchschnittsraucher.
> (www.aerztezeitung.de - wie oben)

Ich bin verblüfft. Gibt es überhaupt jemand, der *"Nikotindosen benötigt"*? Ist es zu fassen, dass der Abbau von Nikotin *"zu schnell"* erfolgen kann und man erstens einen "kostengünstigen" Gen-Test, dann ein Medikament und letzten Endes noch die Zufuhr von "Nikotinersatz" (was nichts weiter ist, als wiederum Nikotin) *brauchen* soll?

In welcher Welt leben wir da? Geben hier nikotin-süchtige Journalisten oder gar ebensolche Ärzte völlig gedankenlos ihre Statements ab? Oder sind Ärzte wirklich dermaßen auf Manipulation konditi-oniert, dass ihnen nichts anderes einfällt? Oder geht es um etwas ganz anderes?

Das alternative Nikotingeschäft

Wie man uns aus ärztlicher Sicht für dumm hält
und uns schon wieder Nikotin in Apotheken verkauft.

Das Phänomen des Nikotins im menschlichen Körper ist eine Geschichte, die von Anfang bis zum
Ende auf Irrtum, Täuschung und Illusion aufge-
baut ist. Fünfhundert Jahre lang waren Milliarden
von Menschen davon überzeugt, dass das Rauchen, Kauen, Schnupfen von Nikotin für irgend
etwas gut wäre. Es war aber eine Illusion, sich
einzubilden, Rauch zu inhalieren wäre eine freiwillig ausgeführte Handlung, welche die Lebensqualität erhöht. Es war ein folgenschwerer Irrtum, zu
glauben, Nikotin wäre als Gift auch ein Heilmittel.
Es dünkt uns heute zu Recht absurd, wenn wir
daran denken, Tabak wurde einmal in Apotheken
verkauft.

Nikotin täuscht uns auf allen Ebenen und am
Schluss fallen noch Ärzte und Pharmazeuten darauf herein, indem sie uns schon wieder Nikotin
aus der Apotheke in verschiedener Form zur "Hei-
lung" anbieten. Oder sind sie gar nicht so naiv,
wie es den Anschein hat? Machen sie ihr Geschäft
mit Nikotin bloß auf andere Weise als die Tabakindustrie?

Vor mir liegt ein Buch zweier in Fachkreisen hoch
angesehener Kapazitäten – Ärzte und Universi-
tätsprofessoren – über das Thema der Nikotinab-

hängigkeit, in dem auf mehr als hundert Seiten eine Menge Information zu finden ist. Über die wichtigen Vorgänge im Gehirn und ihre Konsequenzen lese ich unter anderem "Nikotin befreit von Ängsten". Aber von welchen Ängsten es in Wahrheit befreit, findet sich nirgends und auch sonst werden die Vorgänge im Gehirn bloß mit ein paar nichtssagenden Nebensätzen gestreift. Wer Genaueres darüber wissen will, muss sich schon anderswo informieren.

Dafür beschäftigen sich die Herren – anzunehmen in gut gemeinter Absicht – mit allerlei Tabellen und Statistiken und der Weisheit letzter Schluss ist dann die Lobpreisung und wiederholte Empfehlung der so genannten Nikotinersatztherapie. So wird dort ein Nikotin-Inhalator angeboten:

> Der Nikotin-Inhalator ist das modernste Produkt der Nikotinersatztherapie und liefert erstmals auch psychologische Unterstützung. Viele Raucher sind auf die Hand-zu-Mund-Bewegung konditioniert. Das Gefühl, etwas in der Hand halten zu müssen, erschwert das Aufhören. – Das Erfolgsgeheimnis des Inhalators ist die zigarettenähnliche Verwendung. Der Raucher behält sein gewohntes "Spielzeug" und verzichtet leichter auf die Zigarette. – Der Nikotininhalator sieht einem Zigarettenhalter ähnlich. Im Inneren befindet sich eine auswechselbare Nikotinkapsel. Durch das Ziehen, wie an einer Zigarette, wird das Nikotin inhaliert und über die Mundschleimhaut und die Lunge aufgenommen. Der Nikotinspiegel wird ähnlich wie bei der Zigarette erreicht, was der abhängige Raucher sofort angenehm verspürt. Eine Nikotineinlage hält circa drei Stunden und gibt etwa den Nikotingehalt von drei Zigaretten ab. (Nikotinabhängigkeit – Diagnostik und Therapie. Rudolf Schoberberger, Michael Kunze, 1999, Springer-Verlag, Wien)

Dann wird noch empfohlen, die Anzahl der Füllungen nach drei Monaten zu reduzieren. Was man dabei unter psychologischer Unterstützung versteht, bleibt ein Rätsel. Ich unterstelle den Autoren nicht die geringste schlechte Absicht, kann mir aber die Frage nicht verkneifen, ob sie uns denn für schwachsinnig halten?

Ich finde die Idee mit dem Nikotinschnuller für Erwachsene schlichtweg absurd. Erst kürzlich sah ich einen erwachsenen Mann in reiferem Alter, der durchaus einen vernunftbegabten Eindruck erweckte, an dieser Nikotinquelle nuckeln. Er wirkte damit noch eigenartiger, als hätte er selbstvergessen heftig an einer Zigarette gesogen. Ist das nicht ein für intelligente Menschen entwürdigendes Theater?

Meint man es wirklich gut, oder macht man ein Geschäft mit der Unwissenheit? Vor einigen Wochen erschien in der auflagenstärksten österreichischen Tageszeitung ein PR-Artikel mit dem Konterfei eines dieser Experten. Übertitelt war der Artikel mit: "Frischer Wind in der Raucherentwöhnung". Angeboten wurde ein Nikotinkaugummi. Der frische Wind bezog sich auf den Minz-Geschmack des Produkts. Empfohlen wird eine mindestens dreimonatige Anwendung und an den PR-Text angeschlossen wirbt ein Farbinserat. Das selbe Produkt wird neuerdings auch mittels teurer Werbespots im TV angeboten.

In einem Radiointerview wurde der selbe Spezialist vor einiger Zeit gefragt, was er denn als die Zukunft der "Raucherentwöhnung" sehe. Ich erwartete mir als Antwort etwas in Richtung Aufklärung und hörte bloß: "Nikotinersatztherapie".

In gewohnter Form erhält man Nikotin im Tabakladen. Während man der Tabakindustrie die Werbung für ihr Suchtmittel endlich aus guten Gründen mehr und mehr untersagt, beginnt die Pharmaindustrie mit ärztlicher Unterstützung für Nikotin Reklame zu machen. Jetzt ist der selbe Stoff, das Nerven- und Suchtgift Nikotin mit der Summenformel $C_{10}H_{14}N_2$, in deren Produkten enthalten, wird "Nikotinersatz" genannt und ist rezeptfrei in der Apotheke zu bekommen.

Man behauptet: Nikotin hilft, die Nikotinsucht zu heilen und suggeriert damit, wie wichtig es wäre, dem Organismus das von Ängsten befreiende (!) Nikotin zuzuführen, um die angeblich so schrecklichen Entzugssymptome zu mildern, über die man nicht müde wird, immer wieder verkaufsfördernd zu berichten.

Was es mit der so genannten Raucherentwöhnung und den fortwährend beschworenen Entzugserscheinungen auf sich hat, werden wir noch beleuchten. Vorher will ich Sie aber noch etwas fragen.

Wissen versetzt Berge

Glaubst du noch oder weißt du schon.

Ich denke, wir kennen einander jetzt schon so gut, dass ich mir erlauben kann, Ihnen vorzuschlagen, dass wir einander mit "du" anreden. Ich fühle mich nämlich mit Ihnen sehr verbunden und hoffe, dass wir längst schon Freunde geworden sind. Sollten Sie mit mir einmal, vielleicht per E-Mail, in Kontakt treten, so werde ich mich freuen, einfach "Hallo Franz" zu lesen. Okay?

Also: Siehst du jetzt, wie du an der Nase herumgeführt wurdest? Wie du geglaubt hast, Rauch einzuatmen wäre etwas Tolles, etwas Gutes, etwas Nützliches? Erkennst du, wie du getäuscht wurdest, wie du dich täuschen ließest – und wie du dich, genau betrachtet, mit jedem Zug aus einer Zigarette selbst getäuscht hast? Oder glaubst du noch immer, dass es für irgend etwas gut ist, wenn du mit Rauch Nikotin einatmest? Findest du es immer noch ganz normal, Raucherin oder Raucher zu sein?

Bitte sei ehrlich. Nur wenn du jeden Glauben und Aberglauben an das Gute am Rauchen hinter dir lässt – nur, wenn du klar vor Augen hast, welchen Illusionen du unterlegen bist – nur, wenn du von dir aus, in Wahrnehmung deiner Eigenverantwortung, den klaren Entschluss fasst, mit dem Inhalieren von Rauch endgültig Schluss zu machen, bist du der Rauchgiftfalle für immer entkommen.

Du brauchst dazu nichts anderes zu tun, als den Gedanken an das Gute am Inhalieren von Rauch einfach fallen zu lassen. Genau so brauchst du deine letzte Zigarettenschachtel einfach bloß fallen zu lassen. Das braucht keine Anstrengung. Es ist nichts leichter als das.

Du wirst dann vielleicht auch erkennen, wie sinnlos es ist, sich einen Kampf mit dem Nikotin vorzustellen. Es wird ja in manchen Büchern als Monster beschrieben (auch ich schrieb übertreibend "Täuschungsmonster"). Es wird oft als böser Geist und als Feind dargestellt, den man trickreich und willensstark bekämpfen muss. Nikotin kann aber nichts dafür, dass es giftig ist. Tabak ist vielleicht dafür gut, mit seinem braunen Saft Gärtnern zu dienen, um andere Pflanzen vor fressenden oder saugenden Insekten zu schützen. Tabak ist aber mit Sicherheit nicht dazu gut, damit wir uns seine Gifte einverleiben. Das Nikotin trifft keine Verantwortung – die haben wir schon selbst zu tragen. Also – worauf wartest du noch?

Könnte sein, du denkst jetzt: "He, langsam! Nicht so hastig – das geht mir zu schnell"? Dann gibt es ein Missverständnis. Ich habe nichts dagegen, wenn du weiter Rauch inhalierst und die Tabakindustrie, die Nikotinhändler und das Staatsbudget mit hunderten bis tausenden Euros jährlich sponserst. Nicht ich bestimme, wann du deine letzte Zigarette rauchst. Du bestimmst selbstverständlich ganz allein für dich, ob überhaupt und ab welchem Moment du wieder Nichtraucher oder Nichtraucherin sein willst. Du entscheidest natürlich selbst, wann du deinen allerletzten Zigarettenvorrat in den Müll wirfst, wann du deine Aschenbecher entsorgst, wann du deine Wohnung oder auch deinen Arbeitsplatz vom Dreck und Gestank jahrelanger Raucheinwirkung befreist. Niemand sonst hat die Macht dazu.

Wenn du dich entschlossen hast, wünsche ich dir, dass du die Tage des Übergangs, die mit dem Ausdämpfen der letzten Zigarette beginnen, als eine erkenntnisreiche, denkwürdige Zeit begrüßt. Sie ist es wert, bewusst erlebt zu werden. Du kannst die Erfahrungen, die dir dabei ins Haus stehen, mit interessierter Aufmerksamkeit beobachten und du wirst dann den Gedanken: "Ich bin Nichtraucher!" – "Ich bin Nichtraucherin!" freudig überzeugt formulieren können.

Ich rate dir, diesen Gedanken dann auch tatsächlich immer wieder willentlich und bewusst zu wiederholen. Wozu das gut ist, wirst du gleich erfahren.

Das Entzugsmärchen
Was man über Entzug so hört, ist noch lang nicht wahr.

Es gibt kaum ein Buch oder eine andere Beschreibung der Nikotinsucht, wo nicht das Wort "Entzug" oder "Entzugserscheinungen" vorkommt. So oft diese Begriffe aber auch immer verwendet und tausendfach wiederholt werden, genau so oft sind sie in verhängnisvoller Weise falsch und irreführend. Warum ich das behaupten kann? Nun, ganz einfach: Niemandem wird beim Nikotinabbau etwas "entzogen"!

Ich bitte um Nachsicht, wenn ich zur Illustration meiner Behauptung ein Beispiel verwende, das wir zwar alle täglich erleben, aber selten öffentlich praktizieren: Die Ausscheidung flüssiger und relativ fester Stoffe aus unserem Organismus mittels der dafür vorgesehenen Organe am stillen Örtchen. Würdest du dabei jemals auf die Idee kommen, es wird dir etwas entzogen? Vielleicht sogar etwas Wertvolles?

Nun, sicher nicht! Auch die Schadstoffe aus der Tabakpflanze, die mit dem Einatmen von Rauch (oder wie auch immer) in deinen Körper gelangt sind, scheidet dein Organismus auf diesem Weg aus. Deine Nieren und deine Leber haben dabei eine Menge zu tun und sie entfernen das Nikotin innerhalb weniger Stunden aus deinem Körper. Nach spätestens drei Tagen ist auch der letzte

Rest davon im Orkus verschwunden. Alles das ist völlig natürlich und normal und es ist keine Rede von "Entzug"!

Und weil es keinen Entzug gibt, existieren selbstverständlich auch keine Entzugserscheinungen! Gerade dieses Wort ruft in der Fantasie der Raucherinnen und Raucher, die mit der Sucht Schluss machen wollen, wahre Schreckensbilder hervor, die sich dann manifestieren und den Unsinn bestätigen, indem jede auch noch so harmlose "Erscheinung" als die gefürchtete "Entzugserscheinung" gedeutet wird.

Was sind dann aber diese "Erscheinungen"? Nun, was die meisten "Erscheinungen" so sind: Trugbilder! Zuerst schlägt bei den unaufgeklärten Suchtabbrechern die unbewusste Angst zu: "Ich kann ohne Nikotin nicht leben!" Alle Angstsymptome sind jetzt möglich: Zittern, Schwitzen, Schwindelgefühl, Panikattacken. Man redet dann völlig daneben von körperlicher Abhängigkeit, als wäre die Körper-Psyche-Einheit irgendwie in Körper und Psyche getrennt und man schwafelt von schrecklichen Entzugserscheinungen, für die man irgendwelche beruhigenden Medikamente oder Nikotin"ersatz"präparate braucht, um sie zu lindern. Das dient den Geschäften der Pharmazeutischen Industrie, dir dient es nicht.

Erst unlängst las ich einen Artikel in der Wissenschaftsbeilage einer bekannten Tageszeitung, dessen Überschrift lautete: "Wer schlimmen Schmerzen entgegenbangt, bekommt sie garantiert". Untertitel: "Erwartungshaltung spielt wichtige Rolle". Das sagt alles, meine ich. Wer weiß, dass es keine Entzugserscheinungen, sondern bloß Angsterscheinungen eines irregleiteten Organismus gibt, braucht sich davor nicht zu fürchten.

Aufgeklärte Raucherinnen und Raucher können über Angsterscheinungen – sofern diese bei ihnen überhaupt noch auftauchen – mit Leichtigkeit hinwegkommen. Sie wissen, es mit relativ "dummen" Gehirnbereichen zu tun zu haben, die jahrelang einer Täuschung erlegen sind und eine Weile brauchen, um sich an ein nikotinfreies Leben zu gewöhnen. Das ist nicht so schwer, denn wo kein Nikotin mehr vorhanden ist, kann auch kein Nikotin mehr wirken! Spätestens dann sind so genannte Entzugserscheinungen nicht nur eine absurde Vorstellung, sondern sie wären einfach nicht einmal dann mehr möglich, wenn es sie je gegeben hätte!

Wenn du meinst, eine schreckliche Angst-Stress-Attacke wäre dabei, dich zu überfallen, so sprich zu deinem Gehirn (muss ja nicht gerade während einer Vorstandssitzung sein) und sag ihm: "He, ich bin Nichtraucherin! Wir sterben nicht – keine Angst! Es war alles eine Täuschung! Jetzt kriegen wir das Zeug endlich für immer los! Bitte freu dich mit mir!". Damit hast du das Beste getan. Mehr ist nicht nötig.

Bis jetzt hat dich dein vom Nikotin vernebeltes Gehirn viele Hunderttausend Male beunruhigt, jetzt beruhigst du dein Gehirn – bloß ohne Nikotin. Diese Beruhigung wirkt sogar dauerhaft. Das Gehirn wird die Botschaft hören und vielleicht anfangs etwas träge reagieren. Schlimmstenfalls musst du deine Information ein paar Mal wiederholen. Vielleicht klappt es aber auch sofort. Es soll ja auch Gehirne geben, die ziemlich flott kapieren, worum es geht.

Dein wunderbares, sicher mit hoher Intelligenz gesegnetes Gehirn wird sich letzten Endes jedenfalls freuen und dir dankbar sein. Es kann endlich nach so langer Zeit wieder normal und gesund funktionieren. Die übrigen Organe deines Körpers erholen sich langsam und deine Lunge kann im wahrsten Sinn des Wortes endlich wieder aufatmen!

Gewichtsproblem
Die Entlarvung eines Gespenstes.

Es gehört schon längst zum Allgemeinwissen:

Alle Raucher – vor allem alle Raucherinnen – sind wunderbar schlank. Alle Nichtraucher – und auch hier vor allem wieder alle Nichtraucherinnen – sind übergewichtig.

Im Ernst – das glaubt hoffentlich doch niemand. Trotzdem wird die Schlankmacherqualität des inhalierten Rauchs von vielen Raucherinnen und Rauchern eifrig gepriesen. Irgend etwas scheint da nicht ganz zu stimmen. Obwohl – wenn du dich erinnerst, wie mager mein armer Freund Paul letzten Endes geworden ist, scheint ein Körnchen Wahrheit in der Meinung zu stecken, dass Rauchen schlank macht und Raucherinnen und Raucher, sobald sie keinen Rauch mehr in die Lunge bekommen, an Gewicht zunehmen.

Andererseits kenne ich einen Mann, der vor sieben Jahren, als er zu rauchen begann, 110 Kilo wog. Dann heiratete er. Heute wiegt er 130 Kilo. Eigentlich müsste man jetzt messerscharf schließen, dass seine Verehelichung für das Zunehmen verantwortlich ist. Am Nichtrauchen kann es in diesem Fall nämlich nicht liegen, weil der Gute immer noch jeden Tag ein paar Liter Zigarettenrauch inhaliert. Was ist also dran am Slogan: "Rauchen macht schlank"?

Blicken wir zurück: Schon in den Zwanzigerjahren des vorigen Jahrhunderts umwarben die Zigarettenhersteller besonders die Frauen mit der Verheißung, dass Rauchen die Figur in gefällige Formen bringt. Auf das Bild der eleganten, schlanken Raucherin fielen hunderttausende Frauen herein, wurden süchtig und fanden dann leicht eine willkommene Rechtfertigung für ihre Abhängigkeit. Sie konnten und wollten ja nicht mehr zu rauchen aufhören, weil ... wer will schon dick werden, nicht? Das gleiche Argument kennen wir auch heute noch.

Leicht zu verstehen ist dabei eines: So lange wir Rauch inhalieren, belasten wir unseren Organismus regelmäßig mit Rauchgiftmüll, für dessen Entsorgung eine Menge Energie verbraucht werden muss. Wir belasten damit unseren so genannten Kreislauf, auch wenn wir den Großteil unserer Zeit in Hängematten und Liegestühlen, vor dem TV oder im Bett verbringen. Das ist das Geheimnis der schlank machenden Wirkung des Rauchs, und wie wir wissen, kann das ohne Weiteres auch letal enden.

Wollen wir der letzten Konsequenz entgehen, kommt eines Tages die Stunde, wo unter Aufbringung mutiger Entschlusskraft der Rauch der letzten Zigarette in die Lunge strömt. Wer nun davon überzeugt ist, dass die Gefahr des Zunehmens droht, bereitet sich innerlich darauf vor. Gedanken wie "ich habe Angst, zuzunehmen" oder gar "ich werde zunehmen" nähren und vermehren jetzt die unbewusste Angst vor dem Nichtrauchen und schaffen Widerstand gegen das eigene Vorhaben.

Die Spannung steigt und bald tritt SP in Kraft. *Selffullfilling Prophecy* – die Voraussage, die sich allein deswegen erfüllt, weil man fest an sie glaubt.

Was geschieht jetzt? Dermaßen "vorbereitete" Raucherinnen und Raucher, vielleicht in ihrer Unbewusstheit noch "unterstützt" durch manipulative "Hilfsmittel", greifen statt zur Zigarette zwanghaft nach etwas Essbarem. Sie wollen nicht zunehmen und essen daher keine Unmengen. Nur ganz wenig natürlich, ganz wenig. Und ohnehin schön über den ganzen Tag verteilt. Und die innere Giftmüllverbrennung verbraucht endlich weniger Energie. Und die äußere Bewegung bleibt die gleiche. Wen wundert's, was jetzt passiert?

Wenn du mit aufmerksamer Bewusstheit in den Nichtraucherstatus wechselst, kannst du dich darüber freuen, entweder gar nichts an Gewicht zuzulegen, oder so wenig, dass es nicht der Rede wert ist. Du wirst die Hilferufe deines Gehirns nicht mit Essbarem besänftigen. Du beruhigst es mit aufmunternden Gedanken vortrefflich und die

Rufe aus dem Untergrund deines Unbewussten werden täglich leiser. Wenn schon, isst du vielleicht ein paar Tage lang einen Apfel oder eine Banane oder welches Obst auch immer, wenn dein verstörtes Gehirn nach einer Zigarette ruft. Dazu etwas Bewegung an der frischen Luft – eine halbe Stunde flottes Gehen reicht schon – und deine Figur hat keinen Grund, Fett anzusetzen. Dein Körper ist froh über die positiven Ereignisse, du freust dich mit ihm und das Gewichtsproblem ist als Gespenst entlarvt.

Abgewöhnen unnötig

Sucht stirbt schnell. Gewohnheit vergeht langsam, aber sicher.
Es gibt nichts zu tun. Du bist gescheiter als dein Gehirn.

Ich wiederhole ein letztes Mal: Nikotin ist der
Stoff, mit dem die Sucht am Leben gehalten wird.
Weil es ein Gift ist, wird es unentwegt innerhalb
weniger Stunden vom Organismus wieder ausge-
schieden. So schnell wir süchtig geworden sind,
so schnell stirbt die Sucht auch wieder, wenn wir
ihr keine neue Nahrung zuführen. Sobald kein
Nachschub kommt, ist die Wirkung des Nikotins
nach spätestens drei Tagen verpufft und der
Suchtmechanismus kommt zum Stillstand. Das
war's dann auch schon. Mehr ist darüber nicht zu
sagen.

Bei den Gewohnheiten ist es anders. Eine Gewohnheit entsteht langsam und klingt ebenso
langsam ab. Im Fall der Nikotinabhängigkeit gibt
es eine Vielzahl an Gewohnheiten, die noch einige
Zeit weiter wirken, obwohl die Sucht längst schon
beendet ist.

Ein paar Beispiele: Die Gewohnheit, an das
Rauchinhalieren zu denken. Die Gewohnheit, an
etwas Positives am eingeatmeten Rauch zu glauben. Die Gewohnheit, in einer bestimmten Situation nach einer Zigarette zu greifen. Die Gewohnheit, den Aschenbecher zurechtzurichten. Die Gewohnheit, Zigaretten zu kaufen. Die Gewohnheit,
"Pause" mit "Zigarette" zu verbinden. Die Ge-

wohnheit, zum Kaffee ... zum Alkohol ... und so weiter.

Nachdem die direkte Suchtwirkung schnell vorbei ist, tauchen die Gewohnheitsimpulse selbstverständlich noch einige Zeit auf. Das ist völlig normal und natürlich – so haben sie doch über viele Jahre jeden Tag immer wieder gewirkt. Es ist dir bloß nicht klar bewusst geworden. Jetzt fällt es dir auf, das ist der Unterschied. Mag sein, dass es dich vorübergehend irritiert und du anfängst, dich wie von Geisterhand gezogen in Richtung Zigarettenquelle zu bewegen. Du kannst in diesem Augenblick froh sein, endlich deutlich zu merken, was da abläuft. Du kannst ebenso froh darüber sein, kein Knecht oder keine Sklavin dieser Impulse mehr zu sein. Du hast jetzt die Gelegenheit, aufmerksam zu sein und in der von der Gewohnheit diktierten Bewegung innezuhalten – und das ist es dann gewesen.

Wie die Gewohnheitsimpulse auftauchen, so vergehen sie auch wieder – und sie werden täglich schwächer. Du kannst den interessanten Vorgang des Entstehens und Vergehens eines Gewohnheitsimpulses an dir selbst beobachten und du kannst dich wunderbar frei fühlen, wenn du jetzt endlich selbst bestimmst im Gegensatz zu vorher, wo du lang genug von den Gewohnheiten bestimmt wurdest.

Wer in diesem Zusammenhang von "Abgewöhnen" oder "Entwöhnen" spricht, verwendet ebenso irreführende Wörter, wie "Entzug" und "Entzugserscheinung". Auch sie signalisieren einen Vorgang, der praktisch nicht existiert. Es ist nämlich unmöglich, sich aktiv etwas abzugewöhnen. Wenn es so etwas wie eine Abgewöhnung gibt, dann nur deswegen, weil wir das, wozu uns die Gewohnheit animierte, einfach nicht mehr tun.

Illustrieren wir das an einem einfachen Beispiel: Bist du mehrere Jahre mit einem Auto gefahren, an dessen Gangschaltung und andere Eigenheiten, wie Bremswirkung, Kupplungsdruckpunkt und Anordnung der Lichtschalter du gewöhnt warst, wirst du mit einem neuen Auto kurze Zeit brauchen, um dich an dessen Eigenheiten zu gewöhnen. Mit der neuen Gewohnheit verschwindet die alte und gerät mit der Zeit in Vergessenheit. Das geht von selbst. Niemand würde auf die Idee kommen, dir einzureden, du müsstest dir das alte Auto "abgewöhnen". Wie sollte das denn auch gehen?

Genauso ist es mit dem Nichtrauchen. Du warst jahrelang Raucher oder Raucherin, und jetzt bist du Nichtraucher oder Nichtraucherin. Bestimmte Teile deines Gehirns sind einfach zu schwerfällig, um das sofort mitzukriegen. Sie funktionieren weiter im alten Trott und du hast auch jetzt die ehrenvolle Aufgabe, gescheiter zu sein als dein eigenes Gehirn. Du sagst ihm, wie bereits gehabt:

"He, hast du es noch nicht geschnallt? Ich bin Nichtraucher!"

"Okay", wird dein Gehirn sagen. – "'Entschuldige! Muss mich erst umstellen. Brauch ein wenig Zeit, bis die vielen Nervenzellen und Synapsen neu eingerichtet sind. Bitte um Verständnis!"

Unterstütze dein Gehirn, von dem du doch vielleicht mit Recht annimmst, dass es dein bestes Stück ist. Sei geduldig und bringe ihm freundliches Verständnis entgegen – alles andere klappt ganz von selbst, darauf kannst du dich voll verlassen.

Mehr ist nicht zu tun. Das ist die ganze Kunst des "Abgewöhnens".

Schlüssel Bewusstheit

Die Tür war immer offen. Du hast es bloß nicht gewusst.

Früher war es kaum ein Thema. Seit wenigen Jahrzehnten dringt es immer mehr ins Bewusstsein interessierter Menschen: Jede Krankheit, und dazu gehört auch jede Sucht, kann als eine Aufforderung zur Achtsamkeit, zum "Hinspüren", "Hinhorchen" und "Hinschauen" auf das eigene Leben, auf das eigene Fühlen, Denken und Handeln gesehen werden. Dazu ist es nie zu spät, auch wenn wir oft erst dann aufwachen und in dieser Hinsicht aktiv werden, wenn das Leid schon beachtliche Ausmaße angenommen hat.

Voraussetzung für das Aufwachen ist ehrliches Interesse, Offenheit für Neues und das Akzeptieren von Tatsachen – auch von unangenehmen. Was dabei entsteht und hilft, sich selbst und die Welt realistischer als bisher zu erkennen, ist Bewusstheit. Damit ist nicht einfach Bewusstsein gemeint als Gegensatz zur Bewusstlosigkeit. Bewusstheit ist "höheres Bewusstsein" und das hat, so sehr es vielleicht auch danach klingen mag, mit "Esoterik" nichts zu tun. Es ist eine einfache, praktische Angelegenheit, die mit der achtsamen Betrachtung ganz gewöhnlicher Ereignisse beginnt. Dazu gehören auch die so genannten "inneren" Vorgänge, wie Fühlen und Denken. Dort können wir, sofern wir uns selbst mit Bewusstheit beobachten, eine Menge tieferer Zusammenhänge entdecken und damit können wir uns selbst und unser Leben besser verstehen.

Bewusstheit ist nicht "Kontrolle" im Sinn von "beherrschen". Es ist aufmerksames Gewahrsein dessen, was augenblicklich abläuft. Wer Bewusstheit schult, erkennt nach und nach die Welt so, wie sie "wirklich ist". Es geht dabei nicht um Bewertung mittels "gut" oder "schlecht", sondern um das Erkennen von Tatsachen und damit auch um das Erkennen von Irrtümern, von Illusionen, von Täuschungen.

Bewusstheit nimmt dem bisher Unbewussten seine heimliche und zugleich unheimliche Macht. Mit dem ungetrübten, bewussten Erkennen deiner Nikotinsucht hast du jetzt die Fähigkeit erlangt, diese Abhängigkeit für immer zu beenden. Bewusstheit ist der Schlüssel, der dich aus der Rauchgiftfalle befreit, deren Türe ohnehin immer offen war – du hast es bloß nicht gewusst.

Das war's. Ich danke für deine Aufmerksamkeit.

Franz Wilhelm Bauer

Feedback und Fragen: http://rauchgiftfalle.info